岡上貞夫

ゴルフは名言でうまくなる

GS

JN196091

はじめに
プレー前夜に読む過去の名手の福音は、私にとって心のレッスン書、最高の良薬である。

――ベン・ホーガン

世の中には、数え切れないほどのゴルフ技術のレッスン書がある。

しかし、万人に合うスウィング理論などあるはずがないので、技術的なことは読めば読むほど迷いが増えるというのが実態である。

20世紀にもっともスウィングを研究したといわれるベン・ホーガンの著した『モダン・ゴルフ』はたしかに良書だが、それでもスコットランドの本屋ではほとんど売れなかった。

レッスン書を読めばうまくなるなら、読んだゴルファーはみなシングルプレーヤーになってしまう。しかし、実際にはそうならないということは明らかだ。

結局、技術は自分の体格・筋力・感性・性格などに照らし合わせながら、たくさんボールを打って体得するしかないのだ。

一方、コース攻略のマネジメントや心のコントロールに関しては、多くのゴルファーに共通することが多い。

同じような技術レベルのプレーヤーでも、いいスコアを出せる人と、どうしても100や90の壁を超えられない人がいる。これは、コースマネジメントやメンタルコントロールがうまいか否かの差なのである。

実際、上級者は技術というよりも、この部分が優れていることで安定的にいいスコアを出している。

これが、ホーガンの言うように、過去の選手たちの名言が心のレッスン書であり、最高の良薬である所以《ゆえん》だ。

私のゴルフ人生は、もう46年も前に大学の体育会ゴルフ部に入部したところから始まっているが、卒業後はご多分にもれずサラリーマンになり、月イチゴルファーとなった。当然、ゴルフの腕は落ちそうなものだ。しかし私の場合、65歳になった今でも、飛距離もスコアも現役（学生）のころとあまり変わらない。

ゴルフ部同期生仲間のコンペに行くと、「練習もほとんどせず、ラウンドも月イチか月2回程度では、いくら道具やボールが進化したといっても普通であれば飛ばなくなって下手になるものだよ」とよく言われる。

それでは、なぜ私は40年以上もスコアや飛距離を維持してこられたのかというと、家のなかでできる練習や体力維持のための軽度のトレーニング、道具、コースマネジメント、メンタルコントロールなどに関心を持つことが、効率的・複合的に効果を発揮してきたからだと思っている。

だとすれば、そのコツのようなものを、ゴルフ好きのアベレージゴルファーのみなさんに伝えることができれば、みなさんのスコアアップにも役立つかもしれない。

私のゴルフの助けとなったものに、多くの先人・名手たちが残した数々の名言がある。迷ったときは名言から得られるインスピレーションで、何度となくスランプを脱出した。名言がレッスン書より役に立つということは、あの伝説のアマ選手、中部銀次郎さんも自著のなかでおっしゃっている。

そこで、本書ではみなさんのお役に立ちそうな名言を選び、私なりの解釈を加えることで、インスピレーションを得ていただきたいと思った次第である。

ゴルフの名言は、ゴルフの上達に役立つだけでなく、ビジネスシーンでの雑談やゴルフ仲間との話題づくりにもなるので、ぜひとも心に留めておいていただきたい。

ベン・ホーガンが言うように、みなさんがプレー前夜に本書を読み、それが最高の良薬となって満足のいくゴルフができたならば、こんな嬉しいことはない。

私も65歳になり、サラリーマンを引退した。本書がきっかけでゴルフを好きになってくれる人がほんのわずかでも増えれば、サラリーマン時代にお世話になったゴルフへ恩返しができるのではないか。そんなふうに思っている。

岡上貞夫

ゴルフは名言でうまくなる／目次

第2章 スウィングとリズム 77

第3章 アプローチとパッティング 139

編集協力　井手晃子
図版・DTP　美創

第1章　グリップとアドレス

01 悪いグリップから、いいスウィングは生まれない。

――ハーヴィー・ペニック

グリップで守るべき三つの基本とは?

グリップはゴルフスウィングのもっとも重要な基本だ。グリップはゴルファーの運命を左右するとまでいわれているのだが、一般ゴルファーのなかにはグリップの重要性を軽視している人が意外なほど多い。

グリップの型には大きく分けて、オーバーラッピング、インターロッキング、ナチュラル(ベースボール、テンフィンガーともいう)の3種類がある。

オーバーラッピングは手の大きい人向き、インターロッキングは手の小さい人向き、ナチュラルは非力な人向きといわれているが、これにとらわれる必要はなく、握りやすければどれでもかまわない。

ただし、グリップには守るべき三つの基本がある。

①親指と人差し指の付け根で形作られるV字が指すのは、アゴ〜右肩の範囲とする

これを逸脱するほどの極端なウィークやストロングでは、アドレス時に肩の線と飛球線とが平行を保ちにくくなり、安定したスウィングがしづらく、再現性が低くなって正確性が落ちる。

②両手とも、親指と人差し指の付け根の間に大きな隙間を空けてはならない

隙間を空けると、極端なパームグリップ（鷲掴み）になってしまう。野球のバットと違ってゴルフクラブは細いので、手のなかでクラブがずれやすくなり安定しないし、距離感などのフィーリングも出せない。やや指先のほうで握れば隙間ができない。

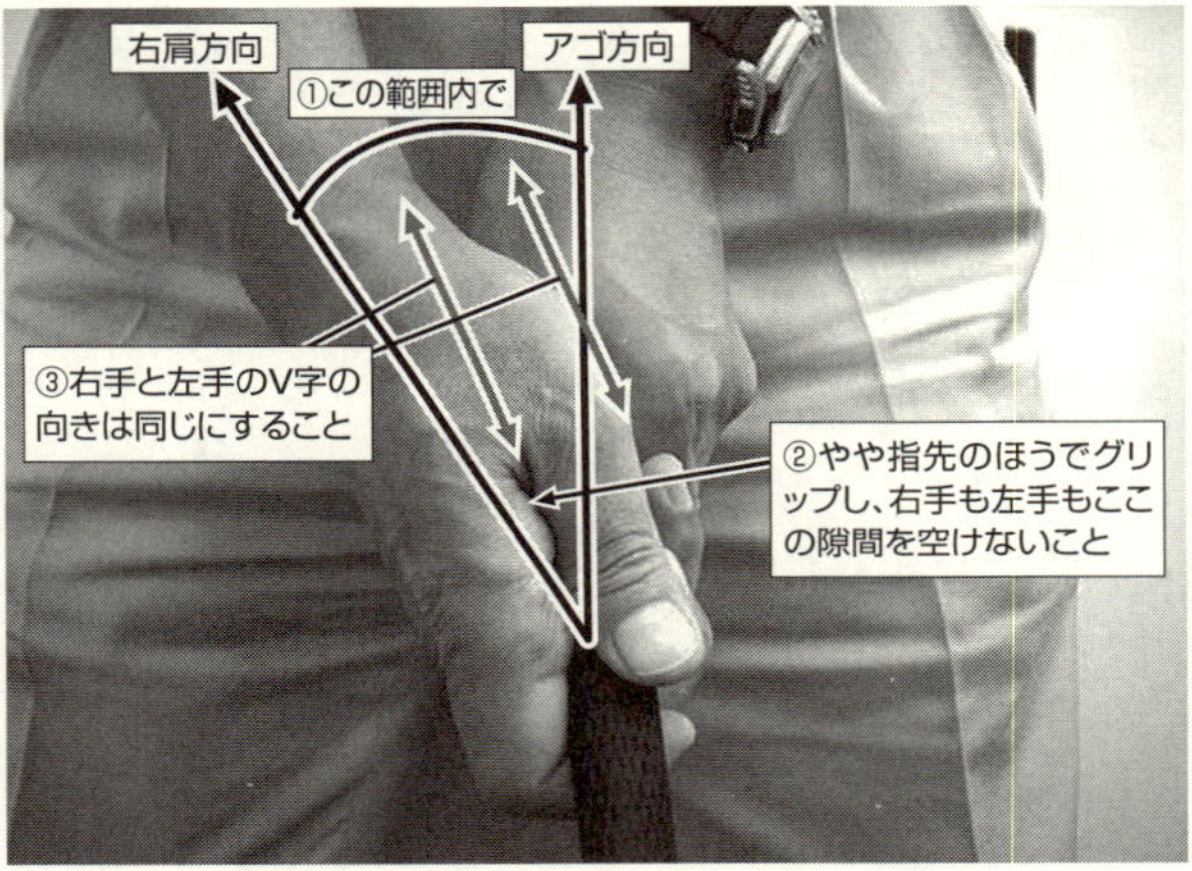
右肩方向
アゴ方向
①この範囲内で
③右手と左手のV字の向きは同じにすること
②やや指先のほうでグリップし、右手も左手もここの隙間を空けないこと

③親指と人差し指の付け根で形作られるV字が指す方向は、両手とも同じにする

左右で異なる方向を向いていると、一体感が損なわれる。そうすると、どうしても利き手のほうが優先になってしまい、両腕をバランスよく使いにくく、右腕主体のスウィングになりやすい。やはりスウィングの効率性（飛距離）・安定性（正確性）が損なわれる。

これら3点のスタンダードを、理由も納得した上で押さえておけば十分だ。

ボールがつかまらず右方向へ飛んだりスライスしたりする人は、V字が右肩を指すストロング方向に、反対にボールが左方向へ飛びフックするような人は、V字がアゴを指すウィーク方向にグリップを動かして、ちょうどいいポジションを見つければいいのである。

あとは握る力のかけ具合だが、日本アマの至宝・中部銀次郎さんは、「左手の小指を10としたら左手の薬指が9、順に中指8、人差し指7、親指6といって、右手の小指が5、薬指4、というふうに右手の先へいくほど弱く握り、最後の右手人差し指と親指は、ほどけない程度のわずかな力しかかけない」と言っている。

もっとおおざっぱには、左手の小指〜中指の3本はしっかり握り、あとはゆるめに握るという感じでもいい。

グリップが決まらなければ、いくら練習しても上達は望めない

ゴルフスウィングでアドバイスを求められた際、私が最初にチェックするのはグリップだ。グリップを直すと、スウィングも自然によくなることが多い。

親指と人差し指の付け根で形作られるV字を、右肩のほうを向くまで回してみると、左肩が前に出て右肩が引けるクローズドな肩のラインになる。逆にV字を左肩の方向に向けてみると、左肩が開いて右肩が前に出るオープンな肩のラインになる。

自然に構えたときのアドレスにおいて、**グリップ次第で両肩を結ぶ線が閉じたり開いたりする**のだから、その後のスウィングにも大きな影響が出るのは当然なのだ。

アベレージゴルファーに関しては、ハーヴィー・ペニックの次の言葉が多くの人に当てはまると思う。

「**ストロングなグリップは疑いもなくアベレージゴルファーに適している。**ボールをより強く、より遠くへ打てる感覚が、すぐ感得できるからである」

くどくどした理屈は省くが、ストロング系のグリップと右手甲側へのコック（最近ではヒンジと呼ぶ）を組み合わせて使うと、**インサイド・アウトのスウィング軌道で振り

やすくなり、大きく高く振り上げられ、いいフォロースルーへとつながっていきやすいのだ。

つまり、一般アマチュアに非常に多い、左ひじが右手の強さに負けて、いわゆる「腹切り型」とか「田吾作型」と呼ばれるフォロースルーの形になる（手が高く上がっていかない）のを改善し、格好のよいフィニッシュを決める効果を期待できるのだ。

プレーヤーがクラブとつながっているのは唯一グリップであることを認識すれば、スウィングをあれこれ改善しようとするよりも、まずはいいグリップをすることが肝要だということをご理解いただけると思う。

02 グリップは手だけのものではない。両足の「グリップ・オブ・ザ・グラウンド」は、手のグリップに勝るとも劣らない。

――ウォルター・ヘーゲン

全米プロで負けられなかった理由

ウォルター・ヘーゲンは、全米オープン2回、全米プロ5回、全英オープン4回優勝の記録を持っており、全盛期には「キング・オブ・プロ」と呼ばれた名プレーヤーだ。とくに全米プロでは1924年から4年連続で優勝しているのだが、これには勝ち続けなければならない理由があった。

1924年の優勝のとき、祝杯をあげて酔ってしまったヘーゲンは、銀製の優勝カップをあろうことか帰りのタクシーに置き忘れてしまったのだ。

ほうぼう捜したが結局見つからず、周囲は青くなった。しかし本人は大胆なもので、翌年の全米プロの際、「どうせ私が優勝するのだから、家に置いてきた。優勝できないような状況になったら、最終日に取りにいかせるよ」と言って、競技役員を説き伏せてしまったのだ。

そしてその言葉通り、4年間も優勝し続けた。5連勝目ができそうになくなったときにようやく紛失したことを自白し、写真をもとに本物よりさらに立派な優勝杯を職人につくらせて、弁償したのであった。いやはや、なんとも図太い神経の持ち主ではある。

これだけの実績がありながら、自伝が1冊あるだけで、ヘーゲンは技術書のようなものを一切出していない。冒頭の言葉は“Golf Magazine”に掲載された、彼にしては珍しいレッスン記事に書かれている。

YouTubeには、ヘーゲンのアイアンショットのスウィング動画がある。それを見ると、インパクト周辺で右足のかかとが浮かず、両足ともしっかり地面に着いているのがわかる。

フィニッシュが腰の高さよりちょっと上で終わる、パンチショットっぽいスウィングなのだが、それでいてターフはほとんど取っておらず、鋭角には打ち込んでいない。

冒頭の言葉通り、両足はしっかりと踏ん張って、地面からかかとが離れないインパクトになっている。これにより正確にボールをとらえ、ヘッドは低く長く振り出され、それでいてダウンブローに打ち込みすぎてもいない、理想的なインパクトゾーンとなっている。この大地に根の生えたような両足の踏ん張りこそが、正確なショットを可能にしたもっとも大きな要因であり、ヘーゲンの輝かしい成績の源だったのであろう。

右足のかかとを地面から離さない。意識するのはこれだけ

ヘーゲンのこのような足の使い方は、たしかに正確なインパクトを可能にするので、現代のスウィング理論においても当然生きていて、俗にベタ足打法と呼ばれるのを知っている読者も多いと思う。

青木功《いさお》プロや中部銀次郎さんなどのショットメーカーも、インパクトで右足のかかとが浮かないベタ足であったし、最近の韓国の女子プロたちは、軒並みベタ足のインパクトを実践している。

つまり**ベタ足インパクトは、本来矛盾するはずの「飛んで曲がらない」を実現できる、もっともシンプルなスウィングの要点**なのである。

方法は簡単。他のことは一切考えず、右足のかかとに意識を集中して、テイクバック→トップ→ダウンスウィング→インパクト→フォローの初期までの間、その右足のかかとを地面から離さない。この一点に専念するのだ。

そうすると、あまり大きな動きはできなくなり、必然的にコンパクトなスウィングになってしまうと思うが、そこから放たれたボールは、意外にも驚くほど威力のある球筋になることを実感できるはずだ。

これまで、ベタ足を意識してスウィングしたことのない人がやってみると、最初はギクシャクするかもしれない。しかし、慣れるにつれて経験したことのないような、伸びのある弾道のボールを打ててびっくりすることだろう。

とくにアイアンショットでは顕著な効果が表れる場合が多いので、まずはぜひ、アイアンで練習してみていただきたい。

ベタ足インパクトの驚くべき効果

ベタ足は、なぜそれほど効果が高いのか？

それは、右足のかかとを上げずに我慢することのマイナスはほとんどなく、逆にいい影響が出そうなことは数多くあるからだ。

- 右足のかかとが浮いてしまい、右ひざが前に出てカット軌道になりやすくなることを防げる
- 右の腰が左へ回転するのを抑制し、インパクトで体が開きすぎなくなる
- その結果として、胸の正面でのインパクトができやすく、厚いインパクトになる

- 体が開かないインパクトは、チーピンの防止にもなる
- 右足のかかとを浮かせないよう我慢することが、インパクト時に左サイドへストッパーをかけることとなり、いわゆるツイスト効果が得られてヘッドが走り、飛距離アップにつながる
- 体重移動が大きくならないので、左側へ上体が突っ込むことが抑制され、ヘッド・ビハインド・ザ・ボールが保持される
- よりアドレス時に近い形でインパクトできる
- 左右の動きが少なくなり、アドレスでのスウィング軸が一定に保たれたまま振れる

これらの結果として再現性が高まり、芯に当たる確率も上がってショットが安定する。このように、いいことずくめなのである。

03 ゴルフの上達を望むなら、「自然に立つ」ことを学ぶしかないのである。

——中部銀次郎

スウィングの問題はアドレスで解決できる

これはアドレスについての名言だ。ゴルフスウィングの大きな問題として、アドレスで自然に立てているかどうかということがある。これが案外難しいのだが、あくまでも押さえるべき基本だけを示すので、あとは自分に合った、自然に立てるアドレスを見つけていただきたい。

アドレスには、①スタンス、②ポスチャー（姿勢）、③グリップ（手）の位置、④ボールの位置と、四つの要素がある。

①スタンス

実戦のコースは地面が平坦ではないから、そのアンジュレーションに合わせてスタンスも変化させる必要が出てくる。よってスタンスに関しては、臨機応変に柔軟な考えでいいと思う。

重要なのは、しっかり目標に向かったスタンスが取れているかどうかである。

まず、スパットなどを見つけてボールが目標へ向かう飛球線を設定したら、スタンスは飛球線に対してクローズドでもスクエアでもオープンでもかまわないが、**肩のラインは飛球線と同じ向きにする**ことがポイントだ。

そうすると、どんなスタンスでも目とボールの距離が変わらないので、スウィングの再現性が高くなるのだ。

スクエアスタンスの場合は肩・腰・スタンスのラインがすべて飛球線と平行になる。

これがもっとも自然だとは思うが、それでしっくりくるかこないかは人それぞれだから、オープンやクローズドでも、もちろんOKだ。

②ポスチャー（姿勢）

ポスチャーについては、大きく分けて、前傾の度合い（前傾姿勢）とひざの曲げ具合、そして体重配分がある。

どれぐらい前傾するかは背の高さ・体形・筋力などで変わり、百人百様である。また、ひざを曲げてから前傾するタイプと、まず股関節から前傾し、その後にひざをゆるめる程度に曲げるタイプがある。前傾の深さについても、ひざの曲げ具合にしても、それぞれ動きやすい型でいいと私は思う。

また体重配分も、左右均等から、「左6：右4」という説や、いやいや「左4：右6」という説もあり、これまた極端でなければいいとしか言えないのである。

要するに、**振りやすい・動きやすいということを重視すれば、その人の自然体に近い、**

最適な前傾角度とひざの曲げ角度、体重配分が決まるのである。

それでは「なんでもいいってことか？」と言われそうだが、そうでもない。ポスチャーの基本となるチェックポイントは存在する。

その一つ目が、**極端な猫背にしない**こと。谷口徹プロのように、猫背ぎみにアドレスするプロも稀にはいるが、マジョリティを占めるのは背筋がピンと伸びたアドレスだ。背骨を軸に捻転《ねんてん》する以上、軸はまっすぐに近いほうが回転はスムーズといえ、これは物理の法則通りであろう。

そして二つ目は、**首をうなだれない**ことだ。首をうなだれるようにしていては、体の回転軸（背骨）と首の回転軸（首筋）の角度が違ってしまう。

これでは独楽《こま》の上に飛び出た芯が曲がっているのと同じで、とてもスムーズに回転できそうに見えないし、実際どこかに無理があるので、首を痛めることにもなりかねない。

「**天の上からゴルフの神様が手を伸ばしてきて、頭のてっぺんの髪の毛を2～3本つまみ上げている感じ**」（中部銀次郎）をイメージするといいと思う。

③グリップ（手）の位置

グリップの位置は、後方から見て頭の真下あたりがベストだと思う。頭の真下より体に近いと窮屈に見え、インパクトのときに体ごと伸び上がってしまう傾向にある。逆に頭の真下より体から遠い位置にある場合は、窮屈さはないがボールが遠くなり、確実性が落ちる。

また、正面から見た場合は、ヘソの前あたり（Y字形アドレス）から左ももの前あたり（逆K字形アドレス）までの間であれば、不自然に逸脱はしていないので、その範囲内で自分の構えやすいところを見つけることだ。

④ボールの位置

ポスチャーとグリップの位置が決まれば、前後の位置関係であるボールと体の距離は自然と決まってくる。「ドライバーは左かかと線上、3番ウッドは左かかと線上の右側、とだんだん右に寄り、ショートアイアンではスタンスのセンターにくる」という説は、あくまでも目安にすぎない。

自然に素振りしてみて、各人の番手ごとの最下点（ヘッドが芝を擦る位置）をまず見つけることだ。そして、ドライバーはその最下点のやや左、それ以外のクラブはやや右側にボールをセットすればいい。そのボールの位置が、左足つま先の線上からスタンスのセンターまでの範囲内であれば、不自然な逸脱ではない。

ゴルフを始めたころのスウィングの最下点と、スムーズな体重移動ができるほど上達したころのスウィングの最下点とでは、後者のほうがだいぶ左に寄ってくるであろう。

各人のそのときの**技量や筋力に合ったボールの位置があり、上達とともに、あるいは年齢とともにその位置も変わってくる**ものなのだ。

以上、４点の基本を踏まえてアドレスが完成したら、余計なことは考えず、一気にスウィングすることだ。**アドレスとグリップで、もう90％はナイスショットのための準備が終わっている**のだから。

04 素振りをするのは、まずボールの落とし場所を決め、球筋と落下点をイメージしてからだ。

――ジャック・ニクラス

なぜOBの打ち直しはナイスショットになるのか？

「OBの後の打ち直しはナイスショットになりやすい」と思っている読者は多いのではなかろうか。

もちろん、2連発、3連発でドツボなんてこともよくある話ではあるけれども、こちらのほうがレアケースで、普通はうまく打てることが多いものだ。

これは、OBを打ってしまったことで開き直っているから、緊張がなくなっていることもあろう。しかし、やはり**1回練習打ちをしているということで、心理的な準備がで**

きていたり、体もスウィングに対して準備ができていることが大きいと思う。

いわゆる、「ほぐれている」状態というわけだ。

2連発、3連発でドツボにハマるプレーヤーは、OBを打ったとき心理的に焦ってしまうタイプなのだろうと思う。

ところで、2回目はうまく打てたとしても、1回目でOBを打つのはやはりいただけない。1回目から70点以上の、そこそこのナイスショットを打つにはどうすればよいのだろうか。

- スウィングの80％はアドレスで決まる。ルーティーンを確立して正しいアドレスをつくる
- スウィングでリキまないように、深呼吸して肩の力を抜く
- 「よーし、ここは一発……」と入れ込まないようにする
- 焦って打ち急ぐことなく、ゆっくりスウィングする

などなど、心構えはいろいろあると思うが、**一番有効なのは素振りでナイスショットのイメージをつくる**ことではなかろうか。

そこで、今回の名言が生きてくる。

ニクラスの場合、まずボールの落とし場所を決め、ボールが飛んでいく球筋と、目標にボールが落下していく様子をイメージする。そして、そのためのスウィングをイメージして素振りをするのだと言っている。

そして彼はこの言葉の後に、「このように**明確なイメージを持って素振りをすることで、すでに1回打っている**のだ。本番は2回目なのだから、うまく打てる確率は高くなるというわけだ」と続けて、いい素振りの方法とそのメリットを解説している。

何回も素振りするゴルファーには下手が多い?

さて、その素振りだが、見ていると人によってさまざまである。たとえば、「ひょっとして打つのか？」と思うほどの、迫真の素振りをする人がいる。

夏場のラフなどでボールがよく見えないようなときには、空振りと間違えられかねないほどなので、こういうタイプにはあまりボールのすぐそばで素振りをしてほしくない。

迫真の素振りは、本番に近いイメージで振っているとも考えられるが、**リキみや緊張までイメージしてしまっている場合が多く、かえってミスショットを招く**こともしばしばであるから、私はおすすめしない。


また、何度も何度も素振りをする人がいる。アイアンやフェアウェイウッドなどでとくに多いのだが、こういうタイプは素振りでクラブヘッドがうまく芝を擦らないと安心できないらしく、クラブヘッドのソールが狙った位置の芝をうまく擦るまで、何度も素振りを繰り返す。

このため、ダフってターフを取ってしまい、いたずらに芝を傷めてしまうことも多い。

これはマナー違反だ。

素振りの回数が多いと、時間もかかりスロープレーにつながってしまう。これもやはりマナー違反だ。**自分の打順が来る前に素振りをしておく**といい。そして、素振りの回数が多いタイプにあまり上手な人を見たことがない。何度も素振りをしているうちに、いいイメージだけでなく、悪いイメージまでできてしまい、本番のときにかえっていいイメージが明確にならず、ミスにつながるのだろうと私は思う。

アベレージゴルファーに有効な2種類の素振り

一般ゴルファーは、どのような素振りをするとナイスショットにつながりやすいのだろうか。まず、素振りには以下の2種類があることを知っておこう。

①体をほぐす素振り

これは、筋肉に「これから打つよ」と準備させるためなので、ボールに当てるイメージは持たず、**やや強めにブンブンと2回連続ぐらいで振って、筋肉を覚醒させてやる**のがいい。自分の打順が来る前に済ませておけば、同伴プレーヤーにも迷惑をかけず、スマートだ。

②いいスウィングイメージをつくる素振り

こっちは本番直前に行う素振りで、すでに自分の打順が来ているときにすることが多い。この素振りはいいスウィングイメージをつくるためだから、**強く振る必要はない**。というよりも、強く振らないほうがいい。

強く振ると、バランスを崩したり、フィニッシュが決まらなかったりと、むしろ悪いイメージができてしまうことがあるからだ。

リラックスして**肩の力を抜き、軽く振る**ことで、バランスもよく、いいスウィングイメージの素振りができるはずだ。そのイメージを残したままアドレスに入り、実際にショットすることで、ナイスショットの確率も上がると思う。

この二つの素振りの役割の違いを理解しておいて、コースに出たときに、場面場面でそれぞれの素振りを組み合わせて実践すれば、スコアアップにつながるだろう。

05 アマチュアは、ハンディの数だけヘッドアップするのよ。

――岡本綾子

プロにとってもヘッドアップは不調の原因

岡本綾子プロは、高校から社会人までソフトボール部に所属していて、エースで4番という中心選手だった。ゴルフと出合ったのは、国体で優勝し、祝勝旅行でハワイに行ったときだ。

どちらかというと、チームプレーよりもすべての結果責任が自分にある個人競技のほうが性に合っていた岡本プロは、すっかりゴルフが気に入ってしまった。帰国後の1973年に池田カンツリー倶楽部で修業を始め、翌年の秋にはプロテストに合格するという異例のスピードでプロになった。

その素質は並外れていた。デビューした1975年に初優勝し、81年には年間8勝をあげて賞金女王に上り詰めた。同年、アメリカ女子ツアーテストにも合格、驚くことにこちらもデビュー年に初優勝、87年には日本人初のUS女子ツアー賞金女王となった。国内44勝・海外18勝で、2005年には世界ゴルフ殿堂入りの快挙も果たしている。

最近では、後輩ゴルファーの指導者として活躍しているが、そのアドバイスは非常に的確かつ効果的だという。

そんな岡本プロの、アマチュアに向けたアドバイスが冒頭の言葉である。

対談のなかで、実は**プロでもヘッドアップが不調を招いている**ことがあるという話になり、「プロでもそうならば、アマチュアは?」という司会者の振りに対し、無口で知られる岡本プロがボソッと漏らした言葉らしい。

うまくボールにヘッドが当たらない大きな要因としてヘッドアップ(ルックアップ)があることは、多くのアベレージゴルファーは自覚しているはずである。

それでも、無意識のうちに顔を早く上げたり、頭が起き上がったりすることをなかなか防止できずにいるのだ。

わかっていても是正できない悪癖。それがヘッドアップという難題なのであるが、一般のアベレージゴルファーは、なぜヘッドアップをしてしまうのだろうか？

ヘッドアップには2種類ある

一口にヘッドアップといっても、２種類ある。

一つ目は、**インパクト前に**（ボールの行方が気になって？）**ボールから目が離れてしまうこと**。これはルックアップとも呼ばれている。この場合は、インパクト時にボールを見ていないのだから、あらゆるミスが起こりうる。

二つ目は、文字通り**インパクトにかけて頭が上方へ動く**こと。この場合はボールから頭が遠ざかるのでヘッドがボールに届かず、トップボールや、ボールの頭をたたいてチョロになりやすい。

一つ目の**ルックアップ**については、とにかく**インパクトまでボールをしっかり見る癖をつける**しかない。ボールをしっかり見てインパクトすれば、目とボールとの距離をスウィング中変わらずに保ちやすく、芯に当たる確率は上がるはずだ。

二つ目の**ヘッドアップ**は、前傾姿勢が崩れて上体が起き上がる、あるいは下半身も含め体全体が伸び上がることによって起こり、スウィングの癖や筋力不足などが要因といえる。よって、ヘッドアップとはいうものの、こちらは**スウィング全体の問題**なのだ。頭だけを動かすまいとしても、なかなか直るものではない。

還暦を過ぎて筋力が衰えてきている高齢ゴルファーは、上半身の起き上がりを我慢する力が弱くなっている。そのため、前傾角度を深く取り、ボール位置が体から遠くなるアドレスをすると、この深い前傾を保ちながらスウィングするのはキツい。あまりボールの近くに立ちすぎても弊害が出るが、**高齢ゴルファーはなるべく前傾を浅くし、スッと立ったようなアドレスのほうが、上半身の起き上がりを抑えやすい**だろう。

下半身の動き、とくにひざの蹴り伸ばしも、体全体が上に動く要因といえる。一方でこれはヘッドスピードを上げて飛距離を伸ばす原動力でもあるから、大事にしたい動きではある。

意識的に「ヘッドダウン」してみる

ひざを蹴り伸ばしても頭が上へ動かないようにするには、どうすればいいのか？

足をジャンプするように使い、左足のかかとがインパクト時に浮き上がっているポーラ・クリーマーの場合、トップ↓ダウンスウィング↓インパクトにかけて、アドレス時から頭が下がって「ヘッドダウン」している。

ひざは強烈に蹴り伸ばしているので、腰はアドレスよりも高い位置へ上がってインパクトしているにもかかわらず、トップでの肩の高さとインパクトでの肩の高さがほとんど同じで、胸とボールとの距離が一定に保たれているのである。

飛距離を出すために足は強烈に蹴っているが、胸とボールとの位置関係はアドレスと変わらないインパクトだから、飛距離と正確さを両立させることができているのだろう。

ダウンスウィングに入ってからのヘッドダウンの動きが、それを可能にしているのではないかと思われる。

ヘッドアップをすまいと我慢するだけでは、飛ばすための下半身の強い蹴り上げや、遠心力に対抗するため上半身が本能的に起き上がろうとする動きに負けてしまう。それで、意識して積極的にヘッドダウンさせているのではないだろうか。

アベレージゴルファーは、ポーラ・クリーマーほど極端ではなくても、**意識的に少しだけヘッドダウンさせる**程度でいいから、一度試しにやってみていただくと、違った感触のインパクトを得られると思う。

実は、このようなヘッドダウンの動きは、プロも多かれ少なかれやっている。ローリー・マキロイや、我らが希望の星、松山英樹プロにもその動きが見られる。

彼らが屈指の飛ばし屋であることを考えると、意識的なヘッドダウンは、インパクトでヘッドを走らせる効果も生むようだ。

06 ゴルフでは、もっとも簡単なことがもっとも難しい。すなわち、「力を抜け」と「ゆっくり振れ」。

――ヘンリー・コットン

上流階級らしい? 優雅なスウィング

ヘンリー・コットンは、全英オープンで1934年、37年、48年と3度の優勝を果たした英国の名プレーヤーだ。

当時プロゴルファーは、〝神聖なスポーツであるゴルフをお金稼ぎのためにプレーする者〟と認識され、低俗な労働者階級として扱われていた。だから、クラブハウスへ入ることも許されていなかった。

アメリカでは、ウォルター・ヘーゲンが自身の人気を利用して試合の賞金をつり上げ、高級外車でコースへ乗りつけたり、ホテルでパーティを開いたりして、上流階級とも親交を深めることでプロの地位向上に貢献した。

これに対し、イギリスではコットンがプロの地位向上に貢献したといわれている。ただへーゲンと違うのは、彼の場合は最初から上流階級の出身だったことだ。

そのコットンが、長年にわたりアメリカ選手に奪われていた全英オープンのタイトルを奪い返したのだから、一躍英雄になっただろうことは疑いがない。

コットンは上流階級出身らしい、身なりのよい上品なジェントルマンで、ゴルフのスタイルも伝統的なゴルファーのそれだった。

バーディを取ってもガッツポーズはおろか、にこりともしないで、淡々ともの静かにプレーを進めるので、「笑わない男」というニックネームで呼ばれていた。

「深いラフのリンクスでは、手首の強さが必要」との考えから、**古タイヤをクラブで叩いて手首を鍛えた**というコットンの練習法は、当時世界中でマネされた。

速く振る人間に未来はない

スコットランドの古い諺《ことわざ》に"Slow back, slow down."という言葉があるように、速すぎるスウィングはよくないと、多くの名手も名言を残している。

「**非常に速いバックスウィングをする者に、一流のプレーヤーはいない。**クラブヘッドのスピードは必要だが、バックスウィングのときには、まだその必要はないのだ」（ダイ・リース）

「一般ゴルファーはおしなべてバックスウィングを急ぐ傾向があるが、**急いでもなんの利益もない。**なぜならボールは頭の上にあるものではないからだ」（ハリー・バードン）

「**速く振る人間に未来はない。ゆっくり振れば、メシのタネになる**」（ゲーリー・プレーヤー）

このように、多くの名手がゆったりとしたスウィングを推奨しているが、その「ゆっくり振れ」と「力を抜け」がもっとも難しいと、ヘンリー・コットンは言う。

それはアベレージゴルファーにとっても同じで、多くのプレーヤーはアドレスから肩に力が入り、性急なバックスウィングをしてしまうものだ。

とくにテイクバックが性急だとスウィング全体が速くなるので、タイミングやバランスを崩しやすい。それで slow back が推奨されるわけだが、次のような名言もある。スローすぎるのもよくないので厄介だ。

「スロー・バックといっても、まるで右の耳に止まったハエをつかむように、そうっとゆっくりクラブを振り上げるものでない」（サー・ウォルター・シンプソン）

あまりにスローすぎるテイクバックも、やはりタイミングが取りにくくなり、結果としてクラブをなめらかにバランスよく振れないものなのだ。

“Slow back, slow down.”の本当の意味

リズムが崩れずテンポよく振れるのは、そのプレーヤーの歩くリズムというのが基本

になる。だからスウィングの速い・遅いはプレーヤーによって異なる。

その上で、**「速すぎてダメ」なのはテイクバックの初期のことで、「遅すぎてダメ」なのはトップ近くでダウンスウィングに切り替わる直前あたり**だと思う。

最初の40〜50㎝は意識してゆっくりスタートし、その後はそのプレーヤーなりの感覚でトップまで加速していくと、ダウンスウィングに切り替える直前にはスピードが上がっていて「遅すぎてダメ」にはならないはずだ。

強く加速すれば、切り返しでの反動も大きくなり、飛距離も出せるだろう。

どんな人がスウィングしても、テイクバックからダウンスウィングに切り替わるとき、クラブのヘッドは前にも後ろにも動かずに静止する瞬間がある。

そのとき、下半身はすでにダウンスウィングに入って左足で踏み込んでいくことで体幹のねじれが大きくなり、ヘッドスピードを上げることになる。

このように、腕を振り下ろすことでダウンスウィングをスタートさせるのではなく、下半身主導で行うと、ダウンスウィングの初期がスローに見える。これがslow down

の正体であって、**決して意識してゆっくり振り下ろすことではない**のだ。

この後、ヘッドはインパクトに向けて一気に加速するが、これは腕に力を入れなくても体の回転で自然とそうなる。だから性急に振っているようには見えないのだ。

バックスウィングでもダウンスウィングでも、ゆっくりスタートして加速させることで、速すぎず遅すぎずのちょうどいい“Slow back, slow down.”が実現されるのだ。

これで「ゆっくり振れ」の課題はクリアできるだろう。では、もう一方の「力を抜け」に何かコツのようなものはあるだろうか。

ゴルフエッセイスト・夏坂健さんの本に、**リキみを取るには「肩を下げる（なで肩を意識する）」**と書いてあった。

リキみというのは、肩からグリップにかけて力が抜けていないことがほとんどだ。なで肩を意識して肩を落としてやると、たしかにリキみが取れるので、アドレスのルーティーンに取り入れてみてはいかがだろうか。

07 頭を動かすな。軸をぶらすな。右体重で打て。上体を突っ込むな。

――ハーヴィー・ペニック

大切なのは、体の正面でインパクトすること

ハーヴィー・ペニックは伝説のティーチングプロで、ゴルフ仙人と呼ばれた。彼の教え子だったトム・カイトはメジャー大会で優勝したとき、その優勝カップをペニックへ届けるよう妻に託した。

ペニックが亡くなった直後のマスターズで優勝したベン・クレンショーも、最後のパットを入れた瞬間、顔を両手で覆って亡き師を思い、涙した。

二人とも、優勝できたのはペニックのおかげだと信じていたのであろう。カイトやク

レンショーのようなトッププロにさえ、ペニックの教えは大きな影響力があったようだ。

私は最近、ゴルフスウィングでもっとも大事なのは、**体の正面でインパクトする**ことに尽きるのではないかと思っている。そして冒頭のペニックの教えは、すべてそのための注意点であるように思えるのだ。

ゴルフクラブのパーツのなかでもっとも重量があるのはヘッドで、たとえばドライバーの場合、ヘッドは全体の重さの65％程度を占める。

多くの一般ゴルファーは、振り遅れのスライスを打つことが多い。ゴルフスウィングでは「重たいヘッドが先っちょについた長い棒」を振り回すのだから、振り遅れになるのは自然といえば自然である。また背骨にくっついている胴体は、遠いところを回ってくる手よりも高速で回転できるので、腕と手も胴体に比べ振り遅れやすい。結果として、肩のラインや腰のラインが目標よりも左を向いた、開いた体勢でインパクトを迎えてしまう。これも、当然といえば当然の結果なのである。

クラブも腕も、振り遅れるようにできている

つまり、ゴルフスウィングにおいては、クラブも腕も振り遅れるようにできているということを、まずはご理解いただきたい。

そうすると、左サイドが開いた体勢でインパクトしてしまうわけだが、これが厄介なのは振り遅れのスライスボールが出るだけでなく、左へ打ち出してさらに左へ曲がる、いわゆるチーピンも出てしまうことである。

振り遅れは、フェース面が戻らずに開いたままインパクトするので普通はスライスするのだが、プレーヤーはスライスしてばかりだと面白くないので、なんとかフェース面を合わせてやろうという細工をしだす。しかも、ほとんど無意識に。そのときに肩や腰の向いているラインが目標に向いているものと錯覚してフェースを返すから、**実際には開いて左を向いている肩や腰のライン方向へ打ち出してしまう**のである。

また、スライサーだけでなく、ドローヒッターがチーピンを打ってしまう場合も、やはりタイミングのずれなどで左サイドの壁が崩れ、体が開いて起こることが多い。

これに対し、**体が正面を向いている体勢でインパクトすると、どんなにアームターンを強く入れても、意外にもほとんどチーピンにはならない。**

これは前述したように、腕が胴体より振り遅れるようになっていることに加え、クラブの構造上、フェースも開こう、開こうとするようにできているからだ。

パターでときどきあるようなセンターシャフトのクラブなら、フェースはあまり開かないかもしれない。しかし、ショット用のクラブはアイアンにしろウッドにしろ、フェースの一番手前側（ネック）にシャフトがついているから、慣性の法則でトゥ側は遅れようとするのが自然だ。要はフェースが開くのである。

腕は振り遅れようとするわ、クラブも振り遅れようとするわ、その上フェースも開こうとするのだから、これをターンさせて、インパクト時にフェースが飛球線に直角になるまで返すのはかなりの重労働である。

だから、相当アームターンをしたつもりでも、実際はなかなかフェースを返し切ることができず、体が正面を向いている限りはほとんどチーピンにならないのだ。

それに、体が正面を向いていればフェードやドローの曲がり幅も少ないし、プッシュや引っ掛けなども少なくなる。さらに、実は飛距離もアップするのだ。

つまり、**体の正面でインパクトすることで、「飛んで曲がらない」というゴルフの究極目的に近づけるの**だ。私がスウィングでもっとも大事な肝はこれに尽きると言いたくなるのは、そういう理由からなのである。

「体の正面でインパクトする」ための四つの注意点

「体の正面でインパクトする」ためには、何に気をつけるべきか。この要点を整理してみよう。

①頭を動かさない：スウィング中、インパクトまでは後頭部の下の首の付け根を動かさないように意識すること

②軸をぶれさせない：テイクバックで、右ひざや右腰をアドレス時の位置から右へ流さ

ないこと

③右体重で打つ：右足のかかとを上げない。ベタ足のインパクトを意識すること

④上体を突っ込まない：①〜③を意識すれば自然にできるが、インパクト寸前で腰かひざのどちらかを意識的に止め、腹筋を意識して前傾角度を保つようにする

もっと簡潔に言えば、下半身をどっしりとさせ、ヘソでボールを見ているようにしたまま、ヘッドがインパクトエリアを過ぎるまで、我慢して振り抜くことである。その後は惰性に任せればよい。左右へ30㎝、前後に30㎝の極端なクローズドスタンスにして下半身を止めて腕を振る練習も、体の正面でインパクトする感覚を得るのに効果があるので試してもらいたい。

「体の正面でインパクトする」ことに慣れてきたら、意識的にアームターンを強く入れることにチャレンジすると、さらに強いインパクトになるだろう。

08 クラブがインパクトゾーンにある間、顔の左側面が動かなければ選手になれる。

——ベン・ホーガン

ヘッドが低く長く出る、ヘッドが走る

ベン・ホーガンは、稀代のショットメーカーとして知られている。
200ヤード地点にキャディを立たせ、ホーガンがロングアイアンの練習を始めると、キャディは一歩踏み出す範囲だけでボールを回収できたというから、その精度には凄まじいものがある。

そのホーガンが、大事なインパクトゾーンの1000分の3秒でもっとも気をつけて

ホーガンのアイアンでのインパクト直後のイメージ

いたのは、**顔の左側面を固定する**ことだ。それが伝説的ともいえる正確なショットを可能にするエッセンスだった。

ホーガンのショットを見てみると、インパクトを過ぎても顔の左側面は止まったままである。

昨今は、アニカ・ソレンスタムやデビッド・デュバル、日本でも飯島茜プロなどが、インパクト時には顔を目標のほうへ向けてしまうルックアップ打法を取り入れている。

これは、彼らはスウィングがしっかりしている上に、体の回転が止まることで起こる左への引っ掛けを嫌って、安定したフェードボールを打ちたいからだ。まだスウィングがしっかりできていない一般アベレージゴルファーには向いていない打法である。

一般アベレージゴルファーには、ホーガンの「顔の左側面を止める打法」のほうが絶対にいいと私は断言したい。

その理由は、次の通りである。

①インパクトの際にボールから目が離れない＝**芯に当たりやすい**

②顔の左側面を止めることは、肩や腰の左への回りすぎを防ぐ効果もあり、インサイド・アウトまたはストレート（インサイド・イン）の軌道でクラブを振りやすい＝**スライスしない**

③左への回転を止めるようにすると、インパクトゾーンでテコの原理が働き、ヘッドが走る＝**飛距離も出る**

④インパクトで顔が下を向いているので、体の起き上がりが抑えられ、クラブヘッドを低く長く出すダウンブローの軌道を実現しやすい＝**正確さが増す**

まさにいいことずくめ。悪い点はほとんどないのだが、強いて言えばパワーのあるプレーヤーの場合、体の回転が止まりすぎて、引っ掛けフックのミスが出ることがあるかもしれないという程度だ。

一般アベレージゴルファーは、ほとんどが体の開きが早いスライスヒッターだから、そんな心配は必要ない。

だから、芯に当たり、スライスせず、飛距離が出て正確さも増すというこのエッセンスをマネしない手はないのである。

ダウンスウィングでアゴを右に引く

インパクトのときに顔の左側面をしっかりと止めるには、それを意識するしかない。

コツとしては、**アゴの向きをむしろ右向きにするぐらい残し、流し目（横目）で左を見るような感じで、ボールを見たままインパクトをする**ことだ。

トップ・オブ・スウィングからダウンスウィングに入ったときに**アゴをやや右側に引く**ことで、より明確に顔が少し右向き気味に残り、横目で左方向のボールを見るという感じになると思う。

最初はなんだか窮屈な感じがするかもしれないが、慣れれば**インパクトゾーンでクラブヘッドが体の前を追い越していく感覚を得ることができる**ようになるはずだ。

これが実践されていれば、インパクト後はクラブヘッドが目標方向へ大きく振り出されるはずだから、あとは惰性に任せて顔も上げていき、飛んでいくボールを見ればいい。ボールの行方を早く見ようとしていては、このエッセンスを実践することはできない。そこは我慢である。

「アゴをやや右側に引く」という動きを推奨したが、アゴを引くとパワーが出るという効果は、理論的にも実証されているのである。

これは、最近盛んになってきた運動生理学や科学的身体機能分析などで明らかになったことで、頸《けい》反射といわれているようだ。

ベン・ホーガンが残したこの名言は、まさしく金言であり、すべてのゴルファーが上手になるために必要不可欠な、ゴルフスウィングのエッセンスといって間違いないだろう。

すでに、無意識のうちにこの動きができている人もいるかもしれないが、どうもショットがバラついてしまうという読者も多いだろう。

テイクバックがどうの、トップがどうの、体重移動がどうのなどなど、大きな動きの改善を考えるより、ダウンスウィングに入ったら「アゴをやや右側に引く」というだけの、**単純で小さな動きの改善を試みたほうが効果は大きい**と思う。

09 インパクトで左手の甲を目標に向けたら、ボールは目標へ向かって飛ぶことに気づいたんだ。

――リー・トレビノ

左手の甲を意識すれば、ショットの正確性は向上する

この言葉は、ある雑誌のインタビュー記事でトレビノが語っていたもので、名言集の本などには載っていない。

トレビノは、帝王ジャック・ニクラスの全盛期に、たびたびその正確なショットと天才的なテクニックで、帝王に苦杯をなめさせた名手である。

冒頭の言葉通り、当のトレビノは、正確なショットの勘所は右肩を長く押し込むような彼独特のスウィングの大きな動きではなく、「**インパクトで左手の甲を目標に向け**

る」という極めて部分的で小さな動きにあると考えていたらしい。

再現性の高いスウィングをするには、大きな筋肉を使ったボディターンをするべきだとよくいわれる。これは、大きな筋肉でスウィングすれば、決まった動きを同じように反復して行えるから再現性が高くなるという理屈である。

たしかに、スウィングの基礎的な動きを大きな筋肉を使って行えば、ひどいミスショットは減少し、悪くとも70点ぐらいのミスショットで済むようになるだろうから、100を切るには有効だ。つまり、アベレージゴルファーを脱するためのスウィングづくりとしては、大きな筋肉を使うボディターンは有効だと思われる。

しかしその上のレベル、90を切ってあわよくばシングルを目指す段階になると、**もう一段上のボールコントロールが必要**になってくる。

たとえ飛距離を多少犠牲にしても、とにかく方向だけは確保するボールコントロールは、ダブルボギー以上のスコアを撲滅して、安定して80台でラウンドするのに必要な技術となってくるのだ。

このとき効果的なのが、トレビノの言う「**左手の甲の向きに対する意識**」なのだと思う。インパクトで左手の甲を目標に向けるという動作はスウィングのなかの極めて小さな部分だけに、大きな筋肉でのスウィングが多少ギクシャクしても、なんとか実行することが可能なのだ。

左手の甲の向きとクラブのフェース面の向きを一致させるには、左手親指が真上になるようにグリップしなければならない。いわゆるスクエアグリップと呼ばれる握り方だが、パターやショートアプローチではできても、フルショットをこのグリップで打つのはアベレージゴルファーにはやや難しい。

左手の親指は、真上にあるよりもやや右側にあるほうが力は入りやすいので、たいがいの人はインパクトのときにグリップが本能的に力の入りやすい右側に回り、結果としてフェースが開いてしまうことになる。

なぜロレックスの腕時計をしたままプレーするのか？

アメリカのシニアツアーで活躍するベルンハルト・ランガーはマスターズで優勝した若いころ、記者に「なぜロレックスの腕時計をしたままプレーするのか？」と聞かれ、「腕時計の文字盤をインパクトで目標に向けるようにすると、正確にショットできるから」と答えていた。これも、トレビノと同じ感覚だったのかもしれない。

いつものグリップでボールを打ってみて、自分の意識では左手の甲を目標に向けてインパクトをしたときに、フェースが開いてボールが右に飛ぶようなら左手グリップをもう少し右に回してストロングにし、逆にフェースが閉じてボールが左へ引っ掛かるならば左手グリップを少し左に回してスクエアに近づける。

このように**グリップを調整して、自分なりの左手の甲の向きとクラブのフェース面の向きが一致する状況をつくり出せばいい**のである。

アドレスでの左手の甲の向きを記憶しておいて、その向きを再現するようにインパクトする意識があれば、フェース面は安定して目標を向くはずだ。
スウィングの基礎的な動きを大きな筋肉で行い、これに加えて体のなかでも感覚の鋭い手の甲を意識してフェースコントロールを行うことで、意図した通りの球筋を実現しやすくなると思う。

通常、テイクバックではグリップが腰の高さを超えたころから、フェースを少し開いていってトップに至る。しかし、とにかく曲げたくないときや、アイアンなどで正確性をさらに上げたい場合には、このフェースの開きを抑えたほうが効果的だ。
そのためには、左手の甲を常にスウィングプレーンのラインと直角に保つ意識でテイクバックすることとなる。結果として若干のシャットフェースを保ってトップに至るが、これは**ノーコックに近いコンパクトなトップ**になる。

コックを使わないと飛ばないような気がするのか、多くのアベレージゴルファーはノーコックあるいはコックの少ないトップを実践しようとしない。

しかし、笠りつ子プロは小柄なほうなのにノーコックで結構飛ばしているし、イ・ボミ選手なども同様に**コンパクトなトップで十分飛ばしている**。

とくにアイアンでは、コックを抑えたからといって飛距離がダウンするイメージは少ない。**芯に当たる確率が高まるので、むしろ飛んでいる**かもしれないほどだ。

コックを抑えたコンパクトなトップから、左手の甲を下に向けて下ろすイメージでダウンスウィングし、インパクトで左手の甲を目標に向けてヘッドを低く長く出す。いわゆる「ライン出しショット」を上級者は実戦で多用する。アベレージゴルファーにとっても、**低くて正確性の高い球筋は極めて有効**なのではないかと思う。

トレビノの言う、インパクトでの左手の甲への意識は、動作が小さいだけに実践しやすい。スウィング改善を大きな動きの部分で行うよりも、左手の甲の向きを意識するだけの小さな動作で行うほうが効果は早く表れるだろうし、ボールコントロールの精度も向上させてくれるのではないかと思うが、いかがだろうか？

⑩ ゴルフクラブを選ぶのに一切の虚栄は不要である。望ましいボールを打てるクラブが、いいクラブなのである。

――中部銀次郎

クラブにスウィングを合わせるな

銀次郎さんは、「クラブはゴルフをするための道具なのだから、クラブにスウィングを合わせるなんてバカなことは、あっていいはずがない。当然のこととして、**自分のスウィングにクラブを合わせるべきだ**」と説いている。

スウィングは常に一定というわけではない。運動不足や加齢により筋力が低下すればヘッドスピードも落ちてくるから、それに合わせてクラブを選択するべきだろう。

アイアンでいえば、プロが使うマッスルバックの軟鉄鍛造《なんてつたんぞう》アイアンはたしかにカッコいい。しかし芯がネック寄りで高い位置にあるから、ダウンブローに入れてヘッドをボールの下へ潜らせなければ、ボールは上がってくれない。

若くて筋力があり、練習もしているゴルファーならそれもできるが、私のように還暦を過ぎたようなゴルファーにはかなり難しいアイアンといえる。

それよりは、低重心でスイートスポットが広い、キャビティバックのアイアンのほうがいいボールを打てる確率が高い。

練習ではマッスルバックを使ってミスをわかりやすくし、いいスウィングを確認するのもありだが、実戦ではやさしいクラブのほうがアベレージはいいに決まっている。

このように、**年齢・筋力・体格・ハンディ（腕前）などに応じて自分のスウィングに合ったクラブを選択するべき**なのは、銀次郎さんの言う通りだと思う。

ここで邪魔になるのが「虚栄」だと、銀次郎さんは言う。とくに、少しゴルフのうまい人にその傾向が強いようだ。

「自分はシングルハンディだからロングアイアンを使えなくてはいけない」とか、「ドライバーのロフトは少なくとも9・5度」だとか、こだわる必要のないところにこだわっている人はたしかに多い。

しかし、自分のスウィングでいいボールを打てるクラブがいいクラブなのだ。無理してロングアイアンなど使わず、ユーティリティや9番ウッドなどを選択すれば、ゴルフはかなり楽になる。

ドライバーにしても、10・5度や11・5度、場合によっては12度や12・5度ロフトのドライバーのほうが安定していいボールを打てることが多い。

「女子プロのほとんどが9・5度を使っているから、10・5度を使うのは男の沽券《こけん》に関わる」と思うのかもしれないが、**そんな虚栄は一切捨てるべき**だ。

銀次郎さんほどの名手でも、還暦に近づいた晩年には12度ロフトのドライバーを使っていたそうである。

自分に合ったクラブ選び

最近の、とくにカーボンシャフトにおける技術革新には本当に目を見張るものがある。以前は、X硬度のような硬いシャフトにするにはカーボン繊維のシートを厚く巻くため、どうしても80g以上の重量にならざるをえなかった。だから、プロの使うXや2Xなどのシャフトは、よほど筋力のある飛ばし屋しか使えなかったのだ。

しかし、今では50g台や40g台の軽量シャフトでもX硬度のバリエーションを選べるようになってきた。

ウェッジの振動数が350cpmなら、ドライバーを300～350cpmに近づけても、ドライバーの総重量は300g前後。十分振り切れる重さにできるのだ。これがいわゆるカルカタ（軽硬）シャフトで、密かにブームになっているようだ。

このような情報を得て、私もドライバーのシャフトを（決して虚栄ではなく）60g台のX硬度に交換してみた。

人によって異なるのかもしれないが、私が1年近く使ってきた結果感じるのは、「芯にヒットしやすく、曲がらなくなった」ということである。また、これも人によると思うが、硬いからといって振りにくいとも感じず、むしろ振りやすかった。実を言うと私は若いころからずっとS硬度のシャフトを使ってきた。しかし、加齢によってヘッドスピードも3m／秒ぐらいは落ちたので、還暦を機にSRにしてセットを組んだ。

その結果、アイアンはたしかに振りやすくなり、ボールも楽に上がるようになったのだが、ドライバーやスプーンはミスヒットが多くなったように感じていた。

当然だが、シャフトが軟らかくなると、**しなりが大きくなる**。ヘッドの先が下がる縦のしなりである**トゥダウンも大きくなる**。また、しなりが大きいとヘッドの重さを感じやすくなり、**クラブが多少重く感じられる**。

おそらく、Xシャフトにしたことで、とくにトゥダウンが小さくなって軽く感じ、振りやすくなったのでミート率が上がったのではないかと思う。

しなりを使ったほうが飛距離が出るというのが常識だが、Xシャフトにしても変わりはなかった。むしろ曲がらない安心感からか、5ヤード程度伸びるようになったかもしれない。

逆にアイアンはシャフトが短いので、振動数からするとかなり硬い。こちらは虚栄を張らずに、Rシャフトなど軟らかめのものを選んだほうがいいだろう。

長いクラブはXやS、短いクラブはSRやRというセットの組み方も、今後のトレンドとなるかもしれない。

第2章　スウィングとリズム

11 一流のプレーヤーを見れば見るほど、「スウィングにおいてもっとも重要なのはリズムである」ということを信ぜずにはおれない。

——P・A・ワード・トマス

「力一杯たたかないと飛ばない」という強迫観念を捨てる

P・A・ワード・トマスは、イギリスのスポーツ誌の専属ゴルフ・ライターであった。冒頭の言葉は、1965年に有名な*The Golfer's Bedside Book*に、ゴルフ評論家として彼が寄稿した"The Qualities of Greatness"という評論のなかに出てくる、なかなか意味深い名言だ。

たしかにプロのスウィングを見ていると、**一流と呼ばれる人ほど、リズムに乱れがな**

く、**よどみなくスウィングしている**。

だから、トーナメントで優勝争いに加わっているような、そのとき調子のいい選手は、常に一定のリズムでプレーを進め、スウィングをしているように見えるものだ。


振り返って、一般アベレージゴルファーはどうかというと、「リキまず、なめらかに振ってはボールが遠くへ飛ばない」という本能的な強迫観念にとらわれていて、目一杯振り回している人がそこかしこにいる。

この「力一杯たたかないと飛ばない」という強迫観念は、相当な上級者になってもなかなか抜けない根強いものだ。

この**リキみがリズムを壊し、ミスショットを招いている**ことは、ラウンド後の反省でたびたび思い当たることと思う。

ただ、「いいリズムとはいかなるものか?」と考えると、これを言葉で説明するのはとても難しい。

なぜなら、**心地いいリズムは百人百様**で、すべて個人の感覚や感性に関わってくるものだからである。

一般的には、ゆったりとしたリズムのほうがいいリズムのように見えるが、せっかちな人の場合は、パッパと構えてパッパと打つような速いリズムが合う人もいるようだ。

ラウンド中は絶対に走らない

メトロノームを使って、パッティングがどのようなテンポでストロークされているかを、プロプレーヤー多数を対象に計測した結果がある。それによると、**ストロークのテンポは、そのプレーヤーが歩くテンポとほぼ一致していた**という。

せかせかと速く歩く人はパッティングのストロークのテンポも速く、ゆったり大股で歩く人はストロークもゆったりとしたテンポになっているという具合である。

これはパッティングだけでなく、フルショットやアプローチショットにも当てはまるのではないかと私は思う。つまり、速すぎず遅すぎず、その人が普通に歩くテンポが、その人に合ったテンポではないかと思うのだ。

普通に歩くときのテンポというものは、体内時計のように体のなかにしみついているものだ。だから、このテンポに合わせてアドレスをしてスウィングし、インパクトでクラブヘッドの遠心力が最大になるようにタイミングを取れば、いいリズムになるのではなかろうか。

いいリズムはラウンド中ずっと維持したいものだが、中部銀次郎さんは次のような言葉を残している。

「ラウンド中は絶対に走ってはいけません。たとえ、ボールを曲げたとしてもです。走ると鼓動が速くなり、呼吸も速くなります。そんな状態でいいショットが打てるはずもないのです。結果、ミスショットを重ね、かえってプレーも遅くなってしまうのです。**コースでは絶対に走らず、常に一定のリズムで歩く**ことが、ミスを減らしてくれるものです」

よく、ボールを曲げると「2〜3本クラブを持って走れ」と言う人がいるけれども、これはスロープレーを防止しようというマナーの視点から発せられる指示である。しかし、それがいいリズムを崩し、結果的にプレーも遅くしてしまうとすれば、銀次郎さんの言葉は奥深いものがある。

ラウンドを通してリズムをマネジメントする

どうやら、いいリズムでプレーをするには、**常に呼吸を乱さず、自分なりの一定のスピードを維持して歩く**こと。これが一つのコツといえそうだ。

プレー全体でいいリズムを保つことができれば、ドライバーだけでなく、アイアンショットやアプローチショット、さらにはパッティングに至るまで、あらゆる局面でストロークを改善できることになるから、相当なスコアアップにつながるかもしれない。

コースマネジメントやメンタルコントロールという言葉はよく聞くが、リズムマネジメントやリズムコントロールはあまり聞いたことがない。けれども、**リズムをうまくマ**

ネジメントすることは、スコアアップに意外に大きな効果があるのではないだろうか。

最後に、1949年に出版された、ジーン・サラゼン他5人の名手によって書かれた技術書 *The Golf Clinic* で、スウィング解説を担当したエド・オリバーの言葉を紹介しよう。

「スウィングにリズムを与えるためには、**ボールを遠くへ飛ばそうという考えを忘れて練習する**ことだ」。けだし、もっとも核心をついた名言ではないだろうか。

⑫ まっすぐなストレートボールを追求するぐらいなら、フックでもスライスでも曲げることに磨きをかけるほうがいい。

——井戸木鴻樹

球筋をストレートにしようと努力しなくていい

井戸木鴻樹《いどきこうき》プロは、ドライバーの平均飛距離が250ヤード台で、プロのなかでは飛ばないほうだ。しかし、フェアウェイキープ率は2001年から9年間で1位が5回と、正確さが身上のプロゴルファーである。そして、2013年には全米プロシニア選手権で優勝し、日本人としては樋口久子プロに次いで二人目のメジャーチャンピオンに輝いている。

冒頭の名言は、ゴルフ雑誌のインタビューに答えたときのものだ。これには二つの意味があると思う。

まず、毎回ストレートのボールを打つことは非常に難しく、ほとんどのショットはどちらかに曲がるのが常だから、球筋をストレートにしようとする努力は徒労に終わる。だから、**フックでもスライスでも意図して曲げることができるように練習するほうが、ショットの上達が早い**という意味である。

この場合、「意図して」というところがポイントで、ボールコントロールの第一歩は、曲がりの幅はともかく、意図的にスライス（またはフック）させようとして、確実にそれができるようになるということだ。

そして、「曲げることを磨く」ということは、曲がりの幅を少しずつ小さくしていくように練習することなのである。

プロやトップアマなら、スライスもフックも自由に打ち分けられるぐらいのスキルが必要かもしれないが、一般アマチュアはフックでもスライスでも、どちらか一方をモノにすれば十分シングル入りが狙える。

とくに、スライス系のボールはほとんどの人が経験済みで、意図して打てる人も多いのではないだろうか。そのスライスボールを磨いて、曲がり幅の小さいフェードボールになるように練習するのが、ショット上達の早道なのである。

右手が左手より遠くをグリップする関係から、**体の構造的にスライス系の球筋は自然に出やすい**ので、一般アマチュアにとっても意図して曲げることが習得しやすいと思う。フック系よりはランが少なく飛距離が落ちるが、正確性ではスライス系のほうが有利だ。

これは、ドライバーのフェアウェイキープ率が70％以上でツアーナンバーワンに君臨し続けたカルビン・ピートや、冒頭の井戸木プロ、ウッドクラブの正確さでは敵なしだった杉原輝雄プロ、プロより正確といわれた中部銀次郎氏など、みなフェードボールが持ち球であったことを見ても明らかである。

もちろん、フック系のほうが得意な人はそれでかまわないし、むしろ飛ぶ分だけさらに有利といえるかもしれない。

とにかくフックもスライスも両方打ってみて、曲げるスウィングのメカニズムを体験したら、自分が意図して打ちやすい、あるいは自分の持ち球を決め、それに磨きをかけるように練習を徹底する。そうすれば、ショットの上達は早いはずである。

意図的に曲げたボールでコース攻略を考える

冒頭の名言の二つ目の意味は、ストレートな球筋よりも、**どちらかに曲げた球筋のほうがコースを攻めるのがやさしくなり、コース攻略の技術が上達する**ということだ。

たとえば220ヤード先の、平坦な30ヤード幅のフェアウェイをドライバーで狙うとする。ストレートボールの場合、ターゲットをフェアウェイ真ん中とすると、落下点の許容範囲は左右15ヤードとなる。

しかし、フェース角度やスウィング軌道のわずかな狂いで、ボールは空中で曲がり出すだろう。そうすると、一度はセンターへ向かって飛び出しても、空中で15ヤード分曲がるだけで、もうラフに入ってしまう。

これに対して曲げたボールならば、スライスの場合、狙い目はフェアウェイ左端になり、たまたまストレートな球筋になってもフェアウェイ左端、意図通りならばフェアウェイの幅分（この例では30ヤード分）曲がっても、まだボールはフェアウェイに残るのだ。

オマケに、狙い目のフェアウェイ左端よりもさらに左へ打ち出してしまった場合でも、意図通り曲がってくれれば、まだフェアウェイに戻ってくる保険までついているのだ（スライス系はアウトサイド・インに振るので、左へ飛び出しやすい）。

よって、**意図したスライスボールは、許容範囲が2倍、ひょっとしたらそれ以上ある**と考えられるのである。

そう思えば、意図的に曲げたボールでは、インパクトでのフェース面の向きが多少ファジーであっても、あるいはスウィング軌道が少々ずれてしまったとしても、フェアウエイに落としやすい。そのため**メンタル的にも楽になり、ナイスショットしやすくなるのだ。**

一方、ストレートボールはフェース面のわずかな狂いも、スウィングのわずかな狂いも許されない。メンタル的に追い込まれやすく、そのような心の制約が筋肉の硬直を招き、ミスショットにもなりやすくなる。

いかがだろうか。意図して曲げたボールは、このようにショットをやさしくしてくれるのである。

アイアンの場合はウッドより曲がり幅が小さくなるが、それでも意図して曲げたボールで攻めたほうがナイスオンしやすい。

ティーショット同様、ストレートボールでグリーンセンターを狙うよりも、たとえばグリーンを縦に4等分して、左から4分の1辺りの地点をスライス系のボールで狙ったほうが許容範囲は広くなるのである。

13 一度に多くのことを、すべて完璧にやりとげようとしない。

——ベン・ホーガン

今日できたプレーが、明日もできるとは限らない

ベン・ホーガンはおそらく20世紀でもっとも熱心にスウィングについて研究し、それを検証するために練習を重ねた人物だ。

なぜホーガンがスウィングを研究する必要性を感じたかというと、自分のバックスウィングが毎回同じにならないという強い不安を抱いていたかららしい。

スウィング研究と猛練習の甲斐もあって、若きホーガンの成績は上がっていった。そ

れでも、今日のラウンドではどんなにいいプレーができたとしても、明日もいいプレーができるかどうか、まったく自信が持てなかったようなのだ。

ところが、ある日を境に、プレーが安定してよくなり、メジャー大会でも優勝できるようになった。この心境（メンタル面）の変化とでもいうべきことが、一般ゴルファーにとっても参考になると思うので紹介しよう。

ホーガンは次のように述べている。

「私は、一度に多くのことを、すべて完璧にやりとげないことにしたのである。なぜなら、すべてのことをあまりに野心的に完璧に行おうとすることは、可能でも賢明でもなく、必要ですらないと悟ったからだ」

スウィングには太い幹の部分と細かい枝葉の部分がある。完璧を求めていけばいくほど、枝葉の部分まで突き詰める必要があるが、それを追求してもキリがないし無理だ。

肝心なのは太い幹の部分であり、それさえマスターしたならば、いつでもそこそこのプレーはできるということに気づいたのだ。

そして、ホーガンは彼の有名な著書『モダン・ゴルフ』のなかで、このことを次のようにも言っている。

「ゴルファーが身につけておかなければならないのは体の基礎的な動きだけで、それはそれほど多いものではなく、誰にでもできることなのだ」

そう、この「体の基礎的な動き」というのが、スウィングの太い幹の部分なのである。


人間の体にはおよそ300個の関節と、400種類もの筋肉があるらしい。ゴルフスウィングでは、ほとんどすべての関節と筋肉を使っているはずだ。

それらの関節と筋肉が、わずか2〜3秒のスウィング中に絶妙に連動して、初めてナイスショットが打てる。そう考えると、なんだかとてつもなく難しいことのように思えてくる。


しかし、ホーガンの言うことを信じれば、体の基礎的な動きさえマスターすれば、完壁ではないにしろ、そこそこのボールはいつでも打てるのだ。

では、体の基礎的な動きとは何か。要するに**腕以外の体の動きは、前傾姿勢を保ちながら背骨の軸を一定に保ち、左右に捻転させるだけ。残った腕の動きは、アドレスの位置から右肩の上へ振り上げ、アドレスの位置へ振り下ろし、左肩の上まで振り上げる。**これだけなのである。


そして、捻転する体と、V字形に上げ下げする腕の動きが同時に行われることでゴルフスウィングになり、クラブヘッドはスウィングプレーンをなぞるように動くのだ。

ホーガンが「スウィングに必要な体の基礎的な動きは、それほど多いものではない」と言ったわけが理解できると思う。

二つ考えると悪くなり、三つ考えるとひどくなる

このように、必要とされる体の基礎的な動きは多くないし、動かし方も、腕にしろ体にしろ、意外に単純なのだ。ゴルフスウィングは案外難しくないように思えてくるので

はないだろうか。

しかし、世のアベレージゴルファーは、この基礎的で単純な動きを、なぜかなかなかマスターできないのである。それは、**それぞれは単純な動きでも、腕の動きと体の捻転がうまく連動しない**からだと考えられる。

つまり、体の動きに神経がいくと腕がスムーズに動かなかったり、逆に腕の動きに注意すると今度は体の動きがギクシャクしてしまったりという具合である。

ボビー・ジョーンズは、「**プレー中に一つのことを考えるならOKだ。しかし二つのことを考えるとプレーは悪くなり、三つ考えるとひどくなる**」と言っている。

ここでいう「プレー中」は、スウィング中と考えていいだろう。

つまり、スウィング中に「腕の動き」と「体の動き」という二つのことを考えると、スウィングは悪くなるということになる。つまり、**スウィング中に考えていいのは、腕か体かどちらか一つだけ**ということだ。

スウィング中に何かを考えられるとすれば、テイクバックからトップまでの間だけであろう。若き日のホーガンも、ここのところで不安を抱いた。この部分は多少なりとも意識して体の動きや腕の動きを修正できるから、なんとか毎回同じようにいいテイクバックをしたいと考えたのだろう。

そして、「テイクバック中に考えていいことは一つだけ」となると、腕の動きか体の動きのどちらかだから、片方は無意識のうちにできていなくてはいけない。

アベレージゴルファーがうまくスウィングできないのは、このときに両方に意識がいってしまうからだろうし、下手をすれば、ひざがこう、腰はこう、肩はこうで、ひじはこう、手首は……と、一度にもっと細かく多くのことを考えてしまっているかもしれない。

しかし、ホーガンやボビー・ジョーンズが言うように、**一度に多くを考えるのは賢明ではない。それをやり遂げるのは不可能で無駄な努力**だから、必要ないのである。

⑭ プロの「モノマネ屋」で終わるな。諸君には諸君だけのゴルフがあるはずだ。

——デイブ・ヒル

綺麗なスウィング＝いいスウィング、ではない

デイブ・ヒルは多彩なショットで知られ、年間最少ストロークのプレーヤーに贈られるバードン・トロフィーを1969年に獲得している。現在、プロの多くが使うロブショットを初めて実戦で打ってみせたのも彼であるといわれている。

思ったことをあまりにも正直に口にしてしまいトラブルとなることもあったが、多彩なショットを駆使してギャラリーの度肝を抜く、彼のプレーぶりを愛するファンも多かった。

ゴルフコースで強い人は、自分を信じることができる、確固たる型を持っている人だ。練習場で綺麗なスウィングをしていても、そのスウィングに自信がなく、自分の型になっていない人は、毎回のようにリズムが違ったり、微妙に軌道がずれたりして、いざコースへ出ると安定しない。

これに対し、スウィングは多少個性的でも、「自分はこのスウィングで確実にボールをヒットし、まっすぐ飛ばせる」と自信を持っている人は、**型にハマったようにスウィングの再現性が高く、コースでもグッドショットの確率が高い**。

デイブ・ストックトンという、南カリフォルニア大学出身のアメリカンツアープロがいる。彼はツアー25勝、うちメジャーは全米プロを2回制しているほどの名選手であるが、デビュー当時はなかなか勝てなかったらしい。

やがて、たびたび勝てるようになったとき、記者の質問にこう答えた。

「勝てないときは、見た目のいいスウィングをしようとばかり考えていた。あるとき開き直って、**形は少し悪くなっても、しっくりくる構えでボールをたたくことだけを考えたら、勝てるようになった。**綺麗なスウィング＝いいスウィングというわけではない、と気づいたんだ」

ある程度の基本を押さえることは必要だが、100人いれば100のスウィングがあって当然で、自分の感性にマッチした型を持つことが、スコアアップにつながるといえるのではないだろうか。

川にかかる橋を狙って打った伝説のプレーヤー、モー・ノーマン

読者のみなさんは、伝説のボールストライカーといわれるカナダのモー・ノーマンをご存じだろうか？

彼は自閉症で、見知らぬ人とは目を合わせられず、パーティの席などは大の苦手だっ

たそうだ。しかし、自閉症の人というのは突出した才能を持っていたりして、映画「レインマン」でダスティン・ホフマンが演じた主人公のように、ノーマンも記憶力がずば抜けて優れていたそうだ。

彼のスウィングは非常にユニークであったが、その正確なショットはサム・スニード、ゲーリー・プレーヤー、トム・ワトソン、リー・トレビノなど、そうそうたるショットメーカーたちでさえも絶賛したほどであった。

プロとしての試合出場は少なかったが、彼のショットがいかに正確だったかを示す逸話が、サム・スニードとのエキシビションマッチでの出来事として伝えられている。ティーから240ヤード付近に川が流れるホールで、スニードは当然のように川の手前に刻んだのに対し、ノーマンはドライバーを手にして打とうとしていた。スニードが、「川に届いちゃうよ」と声をかけたが、ノーマンは中央付近を狙っていて、「あの橋を狙っているんだ」と答えた。

放たれたボールは宣言通りに橋でバウンドして渡り、川の向こう側のフェアウェイへ届いたという。

生涯で30を超えるコースレコードを出し、59が3回、61が4回。3度目の59は61歳のときで、これは世界最年少エージシュートのギネス記録になっているというのだから、驚くばかりである。

しかし、それほど正確なショットを放つ、彼のスウィングはあまりにも個性的だ。

YouTubeに彼のスウィング動画があるので、ご覧いただきたい。

ワイドなスタンスで深い前傾姿勢、極端なハンドアップ、コンパクトなトップ、フラットなプレーンのスウィング。ノーマンが、まるでハンマー投げのようにクラブを振り回しているように見えることだろう。

最初はオーソドックスを目指し、徐々に個性を加えよう

59というスコアがいかに難しいか読者はおわかりかと思うが、それを3回も達成しているほどのノーマンのスウィングならば、同じようなスウィングをするプロが他にもいていいはずだ。しかし、今の日・米ツアーを見ても、一人もいない。

ノーマンは、手の位置が右腰の高さからインパクトして左腰の高さに至るまで、下半身は正面（ボールのほう）を向いたまま、ほとんど動かずにスウィングしている。そこだけを見ると、まるでハーフショットのようだ。だから、**驚異の正確性を発揮できるの**だろう。

たしかに、初めてゴルフスウィングを覚えるときは、オーソドックスで美しいスウィングを目指して、アダム・スコットのようなオンプレーンスウィングをモノマネするのがいいだろうと私も思う。

しかし、練習を重ねるうちに、教科書的で華麗なスウィングに違和感を覚えたり、なんとなくギクシャクするものを感じたりして、上達が止まってしまうプレーヤーもいるかもしれない。

そのような壁に当たったときには、**自分の感性の声を聞き、その感性を生かせるような「自分だけのやり方」を見つけ出してやる**ことが自信にもなり、スコアアップにもつながるのではないだろうか。

⑮ 格好なんて気にするない。格好を気にしていたらそればかり気になって、上達などそこで止まっちまうよ。

――中村寅吉

悩む時間があったらボールを打ちなさい

中村寅吉プロは戦後のゴルフブームに火をつけた功労者だ。没後、２０１２年に殿堂入りしている。

１９３５年にプロ入りし、初優勝は15年後という苦労人だが、初めて勝ったのが１９５０年の日本オープンゴルフ選手権で、メジャーだったのが彼らしい。

愛称は「トラさん」で、初優勝後の活躍は目覚ましいものがあった。

１９５７年、外国人選手を招いて霞ヶ関カンツリー倶楽部で開催されたカナダ・カップに日本代表として出場し、並みいる長身の外国人のなかで158㎝と小柄なトラさんは個人戦で優勝。さらに、小野光一プロと組んだ団体戦でも優勝した。

これが、戦後の第一次ゴルフブームを招くトリガーとなったのだった。

そして、日本人として初めてマスターズに出場、シニアになってからも初のエージシューターとなるなど、復興期の日本ゴルフ界を大いに盛り上げた。

トラさんは当時の名手の例に漏れず、練習の虫であった。そのため、彼の語録には練習に関するものが多い。


「悩む時間がもったいない。打ち続けると答えが見える」

「アマチュアゴルファーは悩みすぎるんだよ。悩んだって解決するもんでもないんだから、**悩む時間があったらボールを打ちなさい**」

「カンとは頭の働きではなく、不断の練習の結果生まれるもの」


という具合で、練習し、ボールを打たなければ、技術もカンも身につかないというわけだ。

そんな、練習しか上達する手だてはないというトラさんだが、冒頭の言葉では「格好なんか気にするな」と言うのである。

小太りで158cmと小柄なトラさんは、それでも当時としては飛ばし屋だったが、2段モーションといわれる上半身を揺さぶるような変則スウィングによるところが大きかったようだ。

つまり、現代のオンプレーンスウィングを信奉するプレーヤーから見ると、格好いいスウィングとはいえないフォームだったのだ。

格好いいスウィングを目指しても意味がない

練習の虫・トラさんの練習は、徹底していたというか、一風変わってもいた。

●パッティングの練習では、ルックアップを防止するために、真夜中に真っ暗闇の練習グリーンで、見えないホールへ向かってカップインの音を耳で確かめながら打った

●ここ一番のプレッシャーに強くなるようにと、当時とても高額だったガラスを割らないように、高いボールでクラブハウス越えのショット練習もした
●飛ばしには下半身リードが大事だからと、立ち木に左腰をドーンドーンとぶつける練習を2時間もした

レッスン書に頼らず、こうした工夫やアイデアを自分自身で考案し、自らを実験台に研鑽《けんさん》を積んで、トラさんは世界的プレーヤーにまでなった。

全盛期には、勝負どころのホールでグリーンサイドバンカーに入れたとき、キャディにラインを読ませ、見事にチップインさせたという逸話も残っている。

格好を気にしてフォームにばかり気を取られるようなことなく、**自分を信じて工夫とアイデアを凝らして練習することが、上達には大事**だということをトラさんは実証してみせたのだ。

一般のアベレージゴルファーも、フォームにとらわれ、形だけいろいろなプロのマネ

をしても、迷いが深まるばかりなのではないか？

インパクトゾーンのヘッドの動きで12㎝、時間にして1000分の3秒だけ、ヘッドとボールが接しているのであって、それ以外の部分はボールとクラブフェースが離れてしまっている以上、フォームがボールの飛行に影響を与えることはないのだ。


それなのに、**テイクバックの形、トップの形、フォロースルーの形やフィニッシュの形などを格好よくしようと気にするのはあまり意味のないこと**で、トラさんの言う通り、かえって上達を止めてしまうのかもしれない。

それよりも、インパクトの感触や音だけを大事にして、自分の振りやすいフォームでボールを打って練習したほうが、上達は早いと思う。


とくにスコア90ぐらいのレベルまでは、誰かにフォームを見てもらうより、自分のフィーリングを大事にした、自己流の練習でいいと思う。

名コーチと慕われていた元グリーンキーパーが、実はゴルフをやったことがなくて、

「速い」と「ヘッドアップ」しかアドバイスを知らなかったという話もあるくらいだ。

フォームを気にしたり、いろいろ考えすぎたりしても、トラさんの言う通り「上達などそこで止まってしまう」のである。それよりは、この逸話のアドバイスの通り、「**頭を動かさずに、ゆっくりとしたリズムで振る**」ことだけを注意して、ひたすらボールを打ったほうがナンボか上達が早いだろう。

松山英樹プロがメモリアル・トーナメントで優勝したとき、インタビューでこんなコメントをしていた。

松山「高校までは父がスウィングコーチだった。卒業してからは自分一人でやっている」

記者「スウィングが乱れてきたら誰が直すのか？」

松山「誰も直してくれない」

そう、松山プロもプロコーチはつけずに、自分自身が信ずるまま、自分でスウィングをつくっているのである。彼もまた、格好など気にしていないのかもしれない。

⑯ フォロースルー自体はボールの飛行となんら関係ない。ボールを打つ運動のすべては、クラブヘッドがボールを打つ前につくられるものだからだ。

――アーノルド・パーマー

「虎さん」こと崔虎星の独特すぎるスウィング

今回の名言はある意味、身も蓋《ふた》もないが、物事を合理的かつ簡潔に考え、「飛ばしたかったら、筋肉を鍛えればいい」などと言ったパーマーらしい表現である。

要するに、フォロースルーとはボールが放たれてしまった後の動作だから、どんなフォロースルーをしようが、フィニッシュがどんな格好になろうが、球筋に影響を及ぼすものではない。だから、**フォロースルーやフィニッシュで格好をつけても無意味**だよということを、端的に言っているのだ。

たしかに、球筋に影響があるのはフォロースルーの前、つまりインパクトまでの動作だけで、フォロースルー以降は関係ない。

パーマーは特徴のあるハイフィニッシュで有名だったが、それはあくまでもインパクトまでの動きの結果そうなっただけなのだ、と言いたかったのかもしれない。

この名言にピッタリくる個性豊かな選手が、日本男子ツアーにも登場した。2018年カシオワールドオープンで優勝した45歳の崔《チエ》虎《ホ》星《ソン》選手だ。

プロゴルフの試合で、彼ほどのユニークなスウィングを私はこれまで見たことがない。最初は「どうしてそれでまっすぐ打てるの？」と思ったほどだったが、他の選手と比較してもむしろ正確なので驚いた。

私ごときがプロのスウィングをうんぬんできるものではないが、ネットで多くの専門家のレポートを読むと、**極端なクローズドスタンスであることを除けば、インパクトま**

ではいいフォームだというのが共通していた。

日本ゴルフツアー機構（ＪＧＴＯ）会長の青木功プロも「インパクトの前がいいね」と言い、「俺たちのころは、遠くから見ても誰のスウィングかわかったが、最近はみんなおんなじスウィングに見える。こういう個性的なスウィングの人が出てくるのは嬉しいね」とまで言って歓迎していた。

スウィング解説で興味深かったのは、「普通の選手は腕やひざなど体の一部分で球筋をコントロールするものだが、崔選手は**体全体でフェードやドローを打ち分けている**。大きな筋肉を使い、全身で球筋をコントロールしているから意外に曲がらない」というものだ。

なんだか踊っているかのようにも見える彼のフォームだが、全身でボールを飛ばし、コントロールしようとした結果の姿なので、それなりに意味があるのかもしれない。

崔選手本人は、「周りの選手が飛ばすので、自分もなんとか負けないように飛ばそうとして結果的にこうなった」と自分のフォームを説明していた。

彼は25歳でゴルフを始めた苦労人で、練習を積み上げて今のフォームになったようだ。変則的なのはインパクト後のフォロースルーとフィニッシュだから、冒頭の名言の通りボールの飛行とは関係がないのだろう。

彼のフォームは長年の努力と練習量によるものだから、一般のアベレージゴルファーが付け焼き刃で格好だけマネをしてもうまくはいかないはずだ。

ただ、飛ばしたいがために体重を大きく左へシフトする場合に、クローズドスタンスで左サイドをブロックする方法は理にかなっていると思う。

飛ばそうとして強烈にウェートシフトし、体の回転も速くした場合、普通はクラブを振り遅れてしまうはずだ。アベレージゴルファーには、これで大スライスしてしまっている人が実に多い。

そこで**クローズドスタンスにすると、インパクトでの体の開きすぎを抑制でき、振り**

遅れが軽減されるから、スライスも小さくなる。この点はアマチュアにも参考になるはずだ。

崔選手の場合は、「そのままクローズドスタンスで踏ん張り続けたら、強い回転が左ひざに負担をかけてしまう」と本能的に感じているのではないかと思う。

そこで、ねじれの負担が左ひざにかかる前、インパクト直後に左足を地面から離してひざや足首を開放することで、体を怪我から守っているのかもしれない。

崔虎星選手は、そのユニークなスウィングとギャラリーサービスで人気急上昇中だ。名前に虎の字が入っていることから、虎さんと呼ばれ親しまれている。

トラさんといえば中村寅吉プロが思い浮かぶ。そういえば、寅さんも遅咲きで苦労人だったのは偶然の一致だろうか。

セオリーを疑ってかかることも大事

ノーベル賞を受賞した本庶佑《ほんじょたすく》教授が、会見のなかで語った次の言葉はとても興味深い。

「僕はいつも（科学誌の）ネイチャー、サイエンスに出ているものの9割は嘘で、10年経ったら残って1割だと言っていますし、大体そうだと思っています。

まず、論文とか書いてあることを信じない。自分の目で確信ができるまでやる。それが僕のサイエンスに対する基本的なやり方。つまり、自分の頭で考えて、納得できるまでやるということです」（BuzzFeed News 2018/10/01）

ゴルフにもセオリーはある。しかし、そのセオリーさえ疑ってかかってみることも大事なのかもしれない。本庶教授の言葉を借りれば、「自分の頭で考えて、納得できるまで練習してみる」ということだ。

ゴルフは感性のゲームだといわれる。**どんなフォームであれ、自分の感性が出せるフォーム、感性が生きるフォームが、その人にとってよいフォーム**といえるのではないだろうか。

虎さんこと崔虎星選手のスウィングを見て、また本庶教授の名言を聞いて、そんな思いを強くした。

17 飛んでいくボールの行方を見ないで、なんの楽しみがあるんだ。

――尾崎将司

「ゴルフは健康のため」なんて言ったらおしまいだ

2013年4月の国内男子第2戦「つるやオープン」の初日、ジャンボ尾崎プロは66歳にして1イーグル、9バーディ、2ボギーの62という快スコアで、史上初のレギュラーツアーでのエージシュートを達成した。

歳を取っても300ヤードドライブにこだわり、シニアトーナメントには出ずにレギュラーツアーに出場し続けるジャンボのゴルフに対する研究熱心さは人並み外れているという。研究と工夫、飛ばしだけでなく、アプローチなどの優れた小技がジャンボの輝かしい戦績を可能にしたのだが、それにしても66歳でスコア62とは恐れ入る。我ら前期高齢者ゴルファーも決して老け込んだりせず、意気込みだけは負けずに見習いたいものだ。

歳を取ると、なんでも歳のせいにしてしまう輩《やから》は多い。飛ばなくなったのも歳のせい、下手になったのも歳のせい、「ゴルフは健康のためにやっています」なんて言葉を吐くようになったら、ただのジジイでもうおしまいだと私は思う。

ゴルフは生涯スポーツで、１００歳になっても歩ける限りはできるのだから、還暦過ぎたぐらいではまだまだ、むしろ、自由な時間が増え、人生最高スコアを出すチャンスでもあるのだ。

そのためにも、ジャンボのように飛ばしにこだわり、ある程度の飛距離は維持したい。飛ぶドライバーやボールを研究し、自分に合ったクラブやボールを探すのも楽しみの一つではあるが、**まだ健康を保っているうちは、飛ばせるスウィングを追求したい**ものだ。

ドラコンのスウィング理論は実戦でも役に立つ

飛ばしといえば、ドラコン（ドライビングコンテスト）競技がすぐに思い浮かぶ。ドラコン競技会では、350〜400ヤード先の40ヤード幅にボールを飛ばすことが求められる。飛距離のみが取り沙汰されるが、実は設定された幅以上に曲げると無効試技となってしまうので、飛距離と同時に正確性も要求されるのである。

つまり、飛距離と正確さが求められるドラコン用のスウィング理論は、実戦のラウンドにも使えるのだ。そのスウィング理論は集約すると次の3点だと私は考えている。

①アドレスでは骨盤を立てたまま、腰骨を湾曲させて前傾する

従来、再現性の高いスウィングをするには、骨盤は股関節から折って腰骨は湾曲させずに（むしろ反らせて）アドレスし、骨盤の前傾角度と背骨の前傾角度を一致させたほうがよいとされてきた。しかしこれは、再現性は高くなるかもしれないが、腰を痛めやすいのだそうだ。体を壊しては元も子もない。

②テイクバックでは右ひざを伸ばし、体の右サイドを伸ばしてねじることで、ねじれの負荷を最大化する

テイクバックからトップにかけて、右ひざを曲げたまま動かさずに我慢しろともいわれるが、これもやはりスウェーを防いで正確性を高める理論だ。右ひざを曲げたままのテイクバックだと窮屈な感じがして、パワーの溜めは少なくなり、飛距離アップにはつながらない。右ひざを伸ばしながらテイクバックすると、骨盤の回転が大きくなり、上半身の右サイドも伸びてねじれが深くなるから、パワーが溜まって飛距離がアップする。

③ダウンスウィングでは左足裏に圧をかけて踏み込んでから、インパクト前後に左ひざを伸ばす

ダウンスウィングでいったん沈み加減になった後、左ひざの曲がりをフィニッシュまで維持すべきという説がある。しかし、これもたしかに長いインパクトになって正確さにはプラスなのだが、ヘッドスピードの加速には貢献しない。

これに対し、ダウンスウィングに入った初期は左足裏で地面を踏み込むと、強く踏み

込むほどにその反力が返ってくるので、インパクトからフォローでは左ひざが自然にピンと伸び切る。左足裏で踏み込むことで、インパクトの前後ではストッパーをかけた感じになるから、いわゆるツイスト効果が働いてヘッドが走り、その後の地面からの反力が回転のスピードを上げる。このダブル効果で飛距離がアップするのである。

小柄でも飛ばせる

ＰＧＡツアーでは比較的小柄なローリー・マキロイやジャスティン・トーマスにこれらの動きが顕著で、とてもよく飛ばしている。その原動力は、この地面からの反力の有効利用にあるともいわれている。

重要ポイントの3点は、最近のドラコン理論の集約のように書いたが、実はずっと昔に実践していた人がいる。

それがベン・ホーガンだ。彼のスウィングの様子はネット上などにあるので、ぜひ見てほしい。

ホーガンのスウィングの連続イメージ

アドレスでは骨盤を前傾させていない。ベルトの上あたりから腰骨を湾曲させて前傾し、むしろ猫背ぎみのように見える。交通事故の怪我から復帰したホーガンは体への負担も考慮していたのだろう。

真ん中のトップでは、右ひざがほとんど伸びてまっすぐに近い。ホーガンは「トップのときにはもうダウンスウィングが始まっている」と言っており、頭の位置がアドレスより低くなっていて、すでに左足に体重をかけ、地面を踏んでいる感じがうかがえる。

右側のフィニッシュでは左ひざは伸びていて頭の位置も高いことから、インパクト前後から伸び上がったことが見て取れる。

アメリカ人のホーガンは170㎝程度と日本人並みの身長だったが、飛距離は出るほうだったと伝えられている。飛ばしに関しても、スウィングの基礎的な動きは昔も今もそう変わっていないのかもしれない。

⑱ 相手にアウト・ドライブされることを気に病むのは、愚かしい見栄である。

――ボビー・ロック

なぜヘボゴルファーまで飛ばしたがるのか?

ゴルフの魅力の一つに、「白球を遠くへかっ飛ばすこと」があるのは否定しない。他人より飛距離が出ると「優越感に浸れる」というのも、「青空高く白球が飛ぶと爽快だ」というのもよくわかる。

ボールを遠くへ飛ばせる能力というのは、短距離走が速いのと同じように、生まれ持った素質によるところが大きい。私がどんなに努力していいスウィングができるようになったとしても、高校野球で甲子園を目指したというような筋力に優れた人がナイスシヨットしたら、80ヤード以上も置いていかれるだろう。到底かなわないのだ。

しかし、ゴルフのスコアは飛距離が出るだけでよくなるものでもない。「筋力」「体力」「柔軟性」といったフィジカルな面と、「知力」「洞察力」「思考力」「判断力」「感性」「経験」といったメンタル面が複雑に1ラウンドの長い時間に融合して、ゴルフのスコアというものは形成されるからだ。

飛ばないけど正確な人が、飛ぶけど曲がる人をスコアで負かすのは日常茶飯事なのである。

こんなとき、飛距離が出る人は「俺はあいつより飛んでいたから、スコアに関係なく嬉しい」と言うだろうか？「俺のほうが飛ぶのに、なんでスコアで負けるんだ」と、悔しいことこの上ないというのが本音であろう。

結局はスコアを競うゲームなのだから、**勝敗は飛距離ではなく打数で決まる**わけで、スコアで勝てば嬉しいのは当然だ。そのスコアが知性や感性、分析力や決断力といった高度な知能、つまり脳ミソを使った結果の数字だから、単に打数で勝った以上に、大袈裟にいえば人間として勝ったように思えて嬉しいのだと思う。

マナーを尊重し、ルールを守り、同伴競技者と一日を楽しくプレーするために気を配って、その上で勝敗を決するスコアがよかったときには、達成感にも似た満足感が得られるに違いないのだ。

これが他のスポーツと違って、フィジカル面が主体の動的興奮だけでなく、静的な知的興奮が大きな部分を占める、ゴルフというゲームの醍醐味なのではないかと思う。

その人は本当に230ヤードも飛ぶのだろうか?

「あなたのドライバーの飛距離はどれぐらいですか?」と聞かれると、多くの人は人生で一番飛んだときのことを思い浮かべ、「288ヤードのパー4を1オンした」とか、「フォローだったけど、300ヤード飛ばないと入らないという池に入れちゃったよ」と、本来なら池に入れた思慮不足を嘆くべきところ、飛距離の自慢話として話すのだ。

なかには「無風・平坦なフェアウェイで230ヤード」と答える人がいるかもしれない。しかし、90〜110の間で行ったり来たりしているアベレージゴルファーが、本当にこの飛距離を出せるのだろうか？

230ヤード飛んでいるのは1ラウンドでせいぜい2ホールぐらいの話であろう。まあまあの当たりが210ヤードで2ホール、少し曲がってラフに行ったのが190ヤードぐらいでこれが4ホール、さらに曲がって林やガケだとガクンと落ちて160ヤードで2ホール、テンプラやトップのミスショットが120ヤードで2ホール、大ミスのチョロで100ヤードが2ホール……。

アベレージゴルファーの1ラウンドはこんなところではないか？　そうすると、この人のドライバーは、加重平均した平均飛距離では約170ヤードなのである。

仮に、この人が「無風・平坦なフェアウェイで230ヤード」を飛ばせるマン振りをやめ、80％程度の余裕あるスウィングをすれば、最大飛距離は10ヤードほど落ちるが

（意外に落ちないものだ）、林やガケ、チョロも無くなり、180〜220ヤードで安定するだろうから、その平均飛距離は200ヤード前後になり、実に30ヤードの飛距離アップである。

その上、せいぜいラフに止まっているのだから、次のショットにリカバリーをかけられるとしたら……スコアがいいのは果たしてどちらか、もうおわかりであろう。

最大（絶対）飛距離で30ヤードも伸ばそうとしたら、つまるところヘッドスピードを4m／秒も上げなくてはならず、ジムへ通って筋力トレーニングをし、毎日素振りを200回欠かさず、ストレッチで柔軟性を高め、スウィングもフットワークやコックのタメを身につけるべく、相当な研鑽が必要だ。

還暦前後の我々世代がそんな努力をしても、腰やひじや手首を痛めるのがオチであろう。

しかし、平均飛距離ならば、そんなハードトレーニングをしなくとも、右のように考

え方を変えるだけで30ヤードアップだってありえる。

効果的な練習をして芯に当たる確率を高めたり、スウィング軌道がカットになってスライスしている人なら、矯正してインサイド・インもしくは軽いインサイド・アウトの軌道に修正すればいい。

ストレートか軽いドローを打てるようになれば、ヘッドのエネルギーが効率的にボールに伝わり、さらに飛距離が伸びて、人によっては50ヤードアップだって可能かもしれない。

これでもまだ、ヘッドスピードを上げようと、汗水たらして重いダンベルを上げる気になるだろうか？

飛距離を伸ばしたいのなら、最大飛距離ではなく、**平均飛距離を伸ばすことを目的として練習すべき**だし、コースでも同様の考え方をしてプレーすれば、２ケタ大たたきなんて悔しい思いは格段に減って、スコアアップは間違いないはずだ。

19 心の電池には限りがあります。なるべく節電しながらラウンドを進めるためには、冒険的なショットを狙わないことです。

――中部銀次郎

「無理に飛ばさなくていい」。心の余裕がパーを取らせる

心を疲弊させないようにラウンドを進めることは、「いいスウィング」を持続させることにつながる、と私は思っている。

中部銀次郎氏はこれを「心の電池」という言葉を使って、次のように言っている。

「心の電池には限りがあります。ラウンドの最初からドライバーで狭いところを攻めたり、アイアンでバンカー越えにピンを攻めたり、**きわどいショットを狙っていくと、心の電池がすぐに消耗して18ホールもたなくなってしまいます。**

だから、なるべく節電しながらラウンドを進めたほうがよく、そのためには冒険的なショットを狙わないことです」

技が2割、心が8割なのだから、心を疲弊させてしまっては、いいスウィングも望めないということなのだ。

安全で広い場所を狙うというのは、消極的に感じるかもしれない。

しかし、我々はミラクルショットで有名だったセベ・バレステロスのような訓練を積んだプロゴルファーではないのだから、むしろこれは積極的にパーを確保しにいくプレースタイルなのである。

100、90、80を切りたい人のレベル別ゲームプラン

それでは、無理のないゲームプランを立てながら、心の電池を消耗させずに淡々とラウンドを進めるには、どのようにふるまえばよいのだろうか？　レベル別に考えてみよう。

①100を切りたい人のゲームプラン

100を切りたいレベルの人は、**確実にダブルボギーを取り、トリプルを打たないゲームプランを立てる**ことだ。

「確実にダボを取るにはどうすればいいか?」ではなく、「トリプルを絶対に打たないようにするには、どう攻めるべきか?」と自問自答する。

トリプルを徹底的に避ける戦略で各ホールを攻めれば、飛ばす必要などないことにも気づくはずだ。そうするとリキみが取れて、「いいスウィング」の好循環が始まるはずである。

②90を切りたい人のゲームプラン

同様に、90を切りたいレベルの人は**確実にボギーを取り、徹底的にダボを避ける戦略**を立てればいい。あわよくばパーを取ろうとは考えず、確実にダボを避けられる選択肢を採用するようにするのだ。たとえば、普通に当たればパーオンする距離だが、グリーン前面の右半分はバンカーで、ピンはバンカーの後ろに立っているようなとき、次の三つのプランが思いつくだろう。


Ⓐ大きめのクラブでバンカーを避け、ピンを狙う。

Ⓑ一番広いグリーンセンターを狙う。

Ⓒグリーンセンターまでの距離のクラブで、バンカーのないグリーン左側を狙う。


もしあなたが90を切りたいなら、ここでⒸを選ぶべきなのだ。

まず、大たたきの原因となる**バンカーは徹底して避けるべき**だ。

Ⓐだと大きめに打つことでバンカーを避ける方策を取っているようだが、ミスの度合いによってはバンカーに入る可能性が大きいし、うまく当たったとしてもグリーンの奥に乗るか、オーバーする危険もある。グリーン奥からのアプローチやパッティングは総じて難しいから、ダボの確率も高くなってしまう。


80を切りたいレベルの、ショットにそこそこ自信がある人ならⒷでもいいが、やはりミスショットでスライスしたりプッシュアウトすれば、バンカーに入ることになる。バンカーからのショットは、上級者でもホームランやザックリなどのミスが出たりする。池のように即1打罰ではないけれども、ハザードはやはりハザードなのであって、危険をはらんでいるのだ。よって、徹底してダボを避けるなら©が正解だ。

©のプランなら、ミスってもバンカーにはほとんど入らないだろうし、うまくいけばグリーンに乗ることもある。

70点ぐらいのショットだったとしても、グリーン左手前からなら次の一打はピンまでハザードがなく、プレッシャーを受けずにアプローチできる。まだパーの可能性だってあるし、ダボの確率はうんと低くなる。

③80を切りたい人のゲームプラン

80を切りたいレベルの人は、このアプローチとパッティングに磨きをかければよく、戦略としては、ボギー確保でダボを徹底して避けるプランのままでいい。

パーとボギーだけを9ホールずつ半々で取れれば、スコアは81で立派なシングルハンディになれるし、パーが11ホール以上取れたり、バーディが絡んだりすれば、70台のスコアになってくる。

ところがダボを打ってしまうと、70台で回るために必要なパーの数が増えてしまうし、バーディで取り返さなくてはならないと焦ってしまうかもしれない。

そういう焦った気持ちでは、リキみが入ったり、無理なゲームプランをついつい取ってしまうから、「いいスウィングの好循環」から悪循環のほうへターンしてしまうのだ。

このように、**危険を避けるゲームプラン（頭）と、飛ばさなくてもパーは楽に狙えると思うこと（心）で、気楽にスウィングできれば「いいスウィング」の好循環が始まり、みなさんのゴルフは格段に向上する**と確信している。

こう考えると、憧れのシングル入りはもはや夢ではなくなり、70台すら出せそうだとは思えないだろうか。

20 ゴルフに「打ち上げる」運動は存在しない。

——ボビー・ジョーンズ

ボールは「上げる」のではなく「上がる」もの

球聖ボビー・ジョーンズは、終生頑《かたく》なに軟らかいヒッコリーシャフトのクラブを使い続けた。そんな古いクラブやボールでプレーしていた時代から、この名言はゴルフスウィングの真理として脈々と生き続けている。

道具が進化しようと、ボールが進化しようと、スウィング理論が変遷しようと、この名言のような真理はいつの時代も変わらない。

「打ち上げる」を定義すると、「クラブのヘッドが上昇している過程でインパクトし、上方へ向かって打ち出す」ということになるだろう。

クラブヘッドの上昇中にボールに当てるには、それ以前にはボールより低い位置にヘッドがなくてはならない。

しかし、ボールは地面に接していてボールより下には空間がないから、「打ち上げる」運動をしようとすれば、確実にボールの手前でダフるか、トップボールになるか、もしくはボールの上をヘッドが通過する空振りになるかのいずれかである。

よって、上手にボールをヒットしてコントロールするには、**スウィング軌道の最下点でインパクトするか、ボールより先に最下点のあるダウンブローでインパクトしなくてはならない。**

そうすることによって、ボールは「上げる」のではなく「上がる」のである。

なぜ、「打ち上げ」ていないのにボールが上がるのかといえば、**クラブヘッドにはロ**

フトという角度がつけられていて、フェース面が上を向いているからである。

念のため述べておくが、ティーショットにおいては、ティーアップを高めにすればボールの下に空間ができるので、アッパー軌道の過程においてインパクトすることは可能である。

ただ、ティーショットのときだけスウィングを変えて「打ち上げる」動きをすると、複雑化を招いてしまう。

スウィングの基本的な動きは変えず、ボールをやや左側へ寄せて、スウィング軌道の最下点を過ぎた後にインパクトすることで、自然にアッパー軌道でヒットする程度にしたほうが無難だろう。

その意味では、**ティーショットでも「打ち上げる」運動は基本的に必要ない**のだ。

ダウンブローを体得すれば、スコアは確実によくなる

しかし、頭ではそれを理解していても、世のアベレージゴルファーの多くは、実際のスウィングでは「打ち上げる」動きをしてしまっているのではないだろうか？

その結果、「なぜかよくダフる」「よくトップする」「フェースが返って引っ掛かる」「フェースが開いてプッシュアウトする」などなど、ショットが安定しないのだ。

そういう人は、**ボールへ向かってヘッドを打ち下ろす運動でスウィングすれば、ショットは安定する**だろう。

この、「ボールへ向かってヘッドを打ち下ろす運動でのインパクト」が、俗に言う「ダウンブロー」である。ハンドファーストのインパクトは、ダウンブローにヒットするために不可欠な要素だ。

「パンチショット」はこのダウンブローをやや大げさにしたものだが、これは風が強いときなどにも効果的だ。ボールの位置は、スタンスの真ん中あたりだ。

感触としては、「こんなんじゃボールが地面にめり込むんじゃないの？」というぐらい、ヘッドを上からボールにぶつける感じでいい。

それでもロフトがあるから、ちゃんとボールは上がる。ただ、弾道は低く出て、スピンの多いドローの球筋になると思う。

球筋がプッシュアウトするようなら、グリップをもっとフックに握るよう調整する。逆に引っ掛けてしまうようなら、それは上から振ろうとして右肩が出てしまい、袈裟切りのようなカット軌道になっているからだ。**インサイドからしっかり振れるように、体を開かないことを意識したい**。

このような練習で、低い球筋のスピンが効いたボールが打てるようになったら、ボールの位置を真ん中から少し左に寄せてみよう。ハンドファーストの度合いが小さくなるので、この構えから、やはりコンパクトなスウィングでのショットを練習してみてほしい。これがいわゆる「アイアンのライン出し」と呼ばれるスウィングになる。

体得するには練習量と時間がかかるものだが、**ダウンブローでのインパクトができるようになるとゴルフの幅が広がり、安定したショットになる**。アベレージゴルファーから一段上のゴルフを目指すには、ぜひとも体得したい技術だ。

第3章 アプローチとパッティング

㉑ 何番のアイアンでアプローチすべきかって？試しに、このボールを手に持ってトスしてみたまえ。

――ハーヴィー・ペニック

ぴったり寄せるなんて簡単だ？

ある日、のちにマスターズ覇者となるベン・クレンショーが、友人と「何番アイアンで打つのがベストか」というアプローチ談議をしていた。ピンが立っているサイドから反対側のグリーンサイドで、ここからのアプローチを何番アイアンで打つのがベストか、という議論だった。

そこへクレンショーの師でもあり、ゴルフ仙人と呼ばれているハーヴィー・ペニックが通りかかり、こう声をかけた。

「ベン、君は優れたアスリートだ。ボールを手に持ってアンダーハンドでトスし、あのピンにぴったり寄せてみたまえ」

クレンショーがボールを言われた通りトスすると、ボールは転がってピンから50cmほどに寄った。

「ずいぶん低くほうったじゃないか。どうして、君がトーナメントでやっているようなサンドウェッジを開いて打つ高い球筋のボールを投げないんだい？」

「あなたがぴったり寄せてみたまえって言ったからですよ」

「そう。君がアンダーハンドでトスしたのと同じ、あの球筋と結果を、どのクラブなら出せるか、これならできるだろうと思ったクラブを選択すべきじゃないかね」

アプローチはなるべく低い球筋で

昨今のプロゴルフトーナメントでは、グリーンが速く、ピンの位置も難しいということから、ロブショットと呼ばれる高い球筋でのアプローチをよく目にするようになった。

プロは果敢にピンを攻めていくから、少しのミスでも難しい状況のアプローチを残してしまう場合が出てくる。それでも、あわよくばチップインバーディを狙い、パーを確保するために、プロはロブショットを多用する。

こんなシーンをテレビで見ることが多くなって、「アプローチは高い球筋で打つべきだ」と勘違いする人も増えてきた。

しかし、**プロがやることは一般ゴルファーには害になることが多く、ロブショットもその一つ。**ハーヴィー・ペニックもそう教えていたわけである。

フルショットと同じく、**アプローチも低い球筋で攻めるのが有効**だということは、青木功プロや中部銀次郎さんも提唱していた。

銀次郎さんは、こんなふうにアプローチショットの考え方を説明している。

「まず、パターでアプローチできないかと考え、ダメなら5番→6番→7番とロフトの寝ているほうへクラブを替えていく。落とし場所をグリーンエッジの少し先のグリーン上に設定可能な、**もっともロフトが立っている番手を選択**する。あとは、設定した場所に正確に落とすことに集中する」

銀次郎さんも、試行錯誤の過程では高い球筋のピッチショットを試したこともあったそうだが、結論としてはランニングを含め、ピッチエンドランに徹することにしたと言っている。

私も大学時代はランニングアプローチが基本で、次にピッチエンドラン、これだけでほとんどのアプローチは十分にまかなえると教えられた。

7番アイアン・ランニングアプローチが鉄壁の理由

ランニングアプローチは、7番アイアンのようなロフトの立ったクラブを使ってパッティングの延長で打てるので、もっともミスが少なくて済む。

ピッチエンドランもロフトの通り、もしくは多少立て気味に使うから、ロブショットに比べれば格段に振り幅が小さく、やはりミスの度合いが小さくなる。

それに、ランニングもピッチエンドランもある程度のランがあるから、方向さえ合えば、たとえ強めに打ってしまった場合でもカップインの可能性が出てくるのである。

ピッチショットは高く上がって落ちたらピタリと止まる、あるいはスピンで戻るから、見栄えはするかもしれないが、カップインの可能性はあまり高くない。

同じチップショットのボール位置から、「7番アイアンのランニングで10球」「ピッチングウェッジのピッチエンドランで10球」「サンドウェッジのピッチショットで10球」打ってみたとしよう。

もし、ピッチショットが一番寄ったという人がいるなら、それはそれでもかまわない。そういう人は、ロブショット一本でアプローチしていいし、実際にそういうトップアマもいる。しかし多くの人はピッチショットが一番バラついてしまい、**ランニングが一番ボールのまとまりがいい**だろうと思う。

アプローチは、まず落とし場所を決めて、そこまでをキャリーで運び、その後のランでカップへ寄せるのが基本的な攻め方である。

その落とし場所が、ボールから一番近いのがチップショット（ランニング）であり、近いからブレも少ないし、振り幅も小さくて済み、パターのように打てるからミスヒットの確率も低い。よって、もっとも安定して寄る可能性が高いというわけである。

グリーンを外してもランニングできる場所に

ボールからなるべく近い場所のほうが正確に落としやすいから、基本的にはグリーンエッジから少し内側の地点が落とし場所となる。あとは使うクラブや、ボールのある状況などに応じ、キャリーとランをイメージして調整を加えることとなる。

このとき、冒頭の話のように、**ボールを手でトスして寄せるイメージで距離感をつかむ**ようにすると、経験を積むにつれて、だんだん寄せるイメージを描けるようになる。

グリーンを外したとしても、「ランニングアプローチでいける場所に残るように」「悪くともピッチエンドランでいける場所に残すように」「間違ってもロブショットをしなければならないところへは打たないように」と考えなくてはならない。

㉒ ゴルフはゴロフ。

——青木功

「100ヤード以内のプレーは世界一」。青木プロ独特のプレースタイル

1980年の全米オープンは、青木功プロが4日間とも帝王ジャック・ニクラスとラウンドした。のちに「バルタスロールの死闘」と名づけられた大接戦の末、72ホール目を両者ともにバーディとし、青木プロは準優勝となった。

「バルタスロールの死闘」を制したニクラスは、優勝インタビューで青木プロを評して「100ヤード以内のプレーは世界一」と語った。そのプレースタイルは独特で、とくにパッティングに関しては、ニクラスをして「パッティングの教科書を書き換えないと

いけない」と言わしめた。

当時のツアーでの主流なプレースタイルは今とそう変わらず、パッティングはショルダーストローク、グリーン周辺のアプローチはピッチエンドランかロブショット、もう少し遠くからのアプローチは高いボールでピンデッドに落とすというものだった。

しかし青木プロの場合は、パッティングはリストストロークでダウンブローにパチンと打つし、グリーン周辺のアプローチはできるだけチップショット（ランニングアプローチ）での転がしを多用。５番アイアンを使うこともたびたびあった。

もう少し遠くからのアプローチでも、ボールをつぶすように低く打ち出し、ピンの手前でスピンがほどけ、最後はヨタヨタと転がるように打ってピンに近づけて（オーバーさせて）いた。

つまり、ツアーのオーソドックスの真逆にあるようなプレースタイルで**「転がし」に徹していた**のであるが、「ゴルフはゴロフ」は語呂合わせでもふざけているのでもなく、青木プロが頑なに信じたプレースタイルだったのだ。

「転がし」スタイルの原点

ではなぜ、青木プロはこれほどまでに「転がし」に固執したのか？

青木プロがまだ駆け出しのころ、小遣い稼ぎに一般のお客さんとラウンドすることがあった。あるとき一緒にラウンドした飛ばないプレーヤーが、170ヤードほどのショートホールで、自分は飛ばないからと4番ウッドでティーショットを打った。

打球はヒールボールになり、低く飛び出してスライスしたが、グリーンのだいぶ手前に落ちたボールは弾道が低かったのでゴロゴロと転がり、花道を駆け上がってピンに寄っていき……ついには入ってしまったのだ。


これを目の当たりにした青木プロは、「なんだ、あんな当たりそこないみたいなボールでも、転がればホールインワンか。転がって寄っていけば入る可能性が高いってことだな。ならば高く上げて打つのはバカらしい」と思ったのだそうだ。

以来、青木プロは状況にもよるが、できるだけ低い転がるショットでゴルフを組み立てるようになったという。

たとえ50ヤードでも、ピンをオーバーするように転がるアプローチショットを打てば、ピッタリの距離感だろうが少々強めだろうが、**カップをオーバーする限りチップインの可能性がある**。青木プロも実際にそういう気持ちで狙っていたのだそうだ。

50ヤードあってもそうなのだから、グリーン周辺からのアプローチでは当然のようにチップインを狙っていたに違いなく、実際にいくつものチップインを奪っていた。

そして、チップインできなくてカップをオーバーした場合でも、返しのパットラインは見えている。だから2～3ｍオーバーしたところで、青木プロのパッティングのうまさをもってすれば、返しのパットはほとんど入れられたのである。

青木プロ自身は、「ベタピンに寄せなくても、３ｍに寄ればたいがいのパットは入れられると思っていた。**３ｍでいいと思って気楽に打った結果、さらに寄っていたと思**

う」と言っている。

これが、ニクラスをして「100ヤード以内は世界一」と言わしめた、青木プロの「ゴルフはゴロフ」の真髄といえよう。

アプローチに懸けるより、次のパットに集中

さて、「ゴルフはゴロフ」は一般のアベレージゴルファーにとっても、スコアアップに効果的であると思う。

ウェッジなどロフトの大きいクラブほど振り幅が大きくなるから、ホームランやザックリといったミスをする可能性があり、グリーンに残らない確率が高まってしまう。

その点、7番アイアンなどでのランニングならば、小さい振り幅のパッティングに近いストロークをするので、**ミスヒットもほとんどせず、距離感が合わなかったとしても失敗は少ない**。グリーンに乗らないことはほとんどないし、せいぜい1ピン以内ぐらいには残りやすい。

「転がし」に使うクラブは普通7〜9番アイアンであるが、アベレージゴルファーはど

れか1本に絞って**得意クラブを決めたほうがいい**だろう。転がり具合を感覚として覚えるのに、いろいろなクラブを使うよりは、同じクラブを使い続けたほうが早く距離感に慣れるからだ。

転がしは、大たたきにつながるような大きなミスが起きにくく、悪くともアプローチ＋パット2回の3打で収まるだろうし、アプローチかファーストパットのどちらかがよければ2打で済むことだって多くなる。

さらには、青木プロが若いころに気づいたように、転がって寄っていくボールは、ラッキーなチップインになることだって十分にありえる。

「ゴルフはゴロフ」を念頭においてコース攻略を考えることは、大たたきの危険を減少させ、スコアを安定させるばかりでなく、**チップインパーやチップインバーディという嬉しいラッキーを呼び込む可能性も高い**のだ。

㉓ バンカーショットはもっともやさしいショットである。ボールすら打たなくていいのだから。

——ジャック・バーク・ジュニア

もがいても抜け出せない「バンカー恐怖症」

ジャック・バーク・ジュニアは、1956年のマスターズと全米プロのチャンピオンである。二度ほど来日しており、親日家でもあったらしいが、ゴルフのレッスンにも定評のあった人である。

冒頭の言葉は、バンカー恐怖症に悩むプレーヤーに、バンカーは難しくないということを心理的に理解させるために語られた。ジャック・バーク・ジュニアが優れたレッスンプロであったことが、この言葉からも読み取れる。

ゴルフ好きで知られるイギリスの宰相、デビッド・ロイド・ジョージは次の名言を残している。

「私のもっとも尊敬するゴルファーは、エジプトのスフィンクスである。2000年もバンカーにいながら泣き言一つ言わない」

イギリス人らしい、皮肉と諧謔《かいぎゃく》に満ちたジョークであるが、この言葉から想像するに、彼はバンカーが苦手だったのだろう。

プロやトップアマのなかには、「バンカーもグリーンのうち」と言うほどバンカーを苦にしない人種もいるが、一般的にはアベレージゴルファーでバンカーが得意という人は少ないと思う。

そのなかでも、過去にバンカーから脱出するのに何打もかかり、やっと出たと思ったらホームランで反対側のバンカーにまた入り、そこでも何発も打ってしまったというような、一種のトラウマを抱えてしまった人は、まさに「バンカー恐怖症」と呼んでいい域である。

このような大たたきをやらかしてしまうのは、技術の問題というよりは主としてメンタルが原因となっているものだ。

通常、バンカーでミスをするとまず怒る。さらにミスをすると、不安な心持ちになり、あとの組が気になって焦り出す。

怒りと不安に焦りが加わってしまったら、何がなんだかわからないような心理状態になってしまう。

こうなってしまうと、何度か続けて成功体験をして、「もうバンカーは大丈夫」という自信を取り戻さない限りは、バンカーに入るたびに大たたきしたときのことを思い出し、恐怖に怯えることになる。

副交感神経の働きを高めてバンカーショットにのぞむ

バンカーでミスをするのは、技術的な要因より、心理的な要因のほうが大きいということは前述の通りで、まずバンカーに入ってしまったら、脱出できさえすれば御の字と考えることだ。

また、1回で出なかったときは、まだバンカー内にあるボールを見続けてしまうことが多い。つまり下を向いたまま次のショットへと進んでしまうのだが、人間は下を向いているとネガティブになってしまうそうだ。これは自律神経が関係しているらしい。自律神経には交感神経と副交感神経があり、このバランスが取れていると落ち着いた状態になり、パフォーマンスが上がる。

しかし、下を向いていると気道が狭まって呼吸が浅くなり、酸素が不足して血流が悪くなる。血流が悪いと副交感神経の働きが悪くなり、バランスが崩れる……ということになってしまうそうだ。

だから、副交感神経の働きを高めるような行動を心がけると、ミスを連鎖させずに済む可能性が高い。副交感神経の働きを高めるキーワードは、「上を向く」「笑う」「ゆっくり」だそうだ。

そもそも、1回目で脱出できなかった原因も、その前のショットでミスをしてバンカーへ入れ、そこから下を向いたままトボトボ歩いてきて、副交感神経が回復せずにバンカーショットにのぞんだことにあるのかもしれない。

バンカーではボールの右側ギリギリを狙う

さて、メンタル面はこれで準備ができた。次に、実戦で大たたきにつながりやすいグリーン周囲の**バンカーでのエクスプロージョンショットで、勘違いしやすいこと**があるので紹介したい。これは、多くのレッスン書などに、「バンカーショットでは、ボールの5㎝手前に、サンドウェッジのソールをぶつけるようにインパクトする」というように書かれており、それに惑わされているからではないかと思う。

実際には、ボールの右側ギリギリを狙ってよいのだ。**ボールは球体なので、右側ギリギリを狙ったとしてもボール半分（約2㎝）はダフっている**からである。

ここで5㎝ダフらせようとすると、結果として7㎝以上ダフってしまうことになり、

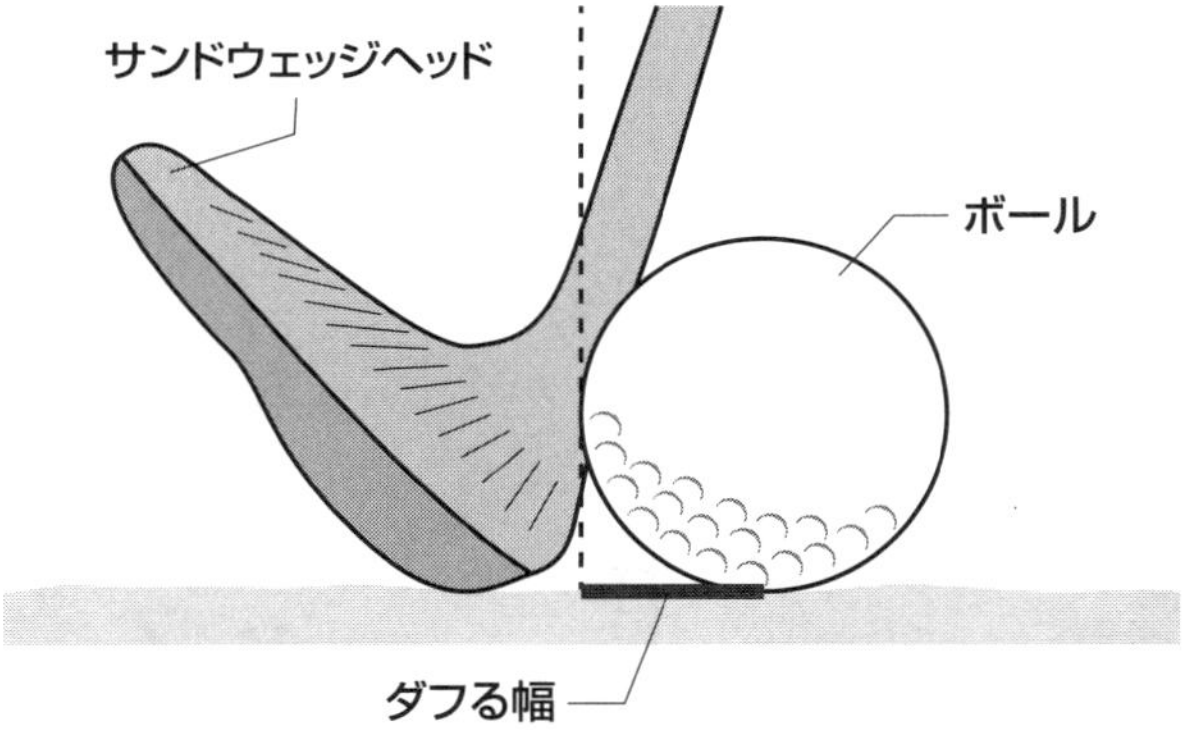

砂の抵抗が重くなって出ないのだ。

バンカーショットでは、通常のショットより鋭角にヘッドを落とす感じで振るため、アベレージゴルファーはよりダフりやすいスウィングになっている。だから、ボールの5㎝手前ではなく、**ボールの右側スレスレにヘッドを落とす**と、意外にもちょうどいいダフリ加減でうまくいくことが多い。一度試されることをおすすめする。

バンカーはれっきとしたハザードなのだから、**徹底して避けるのが基本**だ。とはいえ、バンカーが得意とまではいかなくとも、恐れなくてもよくなれば、ゲームプランも変わって一段上のゴルフが見えてくるかもしれない。

㉔ 14本のクラブのなかで、ボールをカップに入れるのはパターだけ。それなのに、なぜパターの練習をおろそかにするのか？

——ジャック・バーク・ジュニア

平均パット数36以下を目指す

一般アベレージゴルファーのスコアに占めるパットの数は、おおむね40％だといわれている。１００で回る人は40打っている計算だが、シングルプレーヤーなら30未満かというとそこまでではなく、30〜32ぐらいである。

よって、１００をなかなか切れないプレーヤーは、平均パット数を32ぐらいにすれば、パッティングの練習だけで安定して90台で回れるようになる。

同じように90の壁で停滞しているプレーヤーも、平均して90×40％＝36回のパット数であるならば、それを32〜33回にすれば、やはりパッティングの上達だけで80台に突入できるのである。

では、どのような練習をすれば、パット数が36以下になるのだろうか？

一般アベレージゴルファーがスコアを縮めるために重要なのは、「距離感」だと思う。パット数が多くなってしまう原因は、「1パットで決まらない」というよりは、3パットや4パットをしてしまうことにある。そして、なぜ3パットや4パットをしてしまうかといえば、ファーストパットがカップに寄らないからであって、それは方向のブレよりも距離感のブレによって引き起こされることが大半なのだ。

100を切りたい、あるいは90を切りたいというレベルの一般アベレージゴルファーは、まず距離を合わせるパッティング練習を多くしてみてほしい。

家のカーペットなどで、ボール位置から5歩のところへテープで線を引き、その線を越えて40cm以内に止めるように繰り返し練習すると、次第に体内時計のように「**5歩の**

距離感」というものができてくる。

「5歩の距離感」ができてくると、それが基準となり、10歩ならその2倍、15歩ならその3倍、というふうに意識するだけで、何も意識せずに見た目だけを頼りにパッティングをするよりは、格段に距離感が合ってくるものなのだ。

普通に歩いたときの歩幅は、およそ70㎝。その5歩分だと、3・5m。距離感をつかむ練習をするには、最低でもこれ以上の距離でやっていただきたい。

家のカーペットとコースのグリーンではスピードが異なることもあるが、それでも5歩の基準があれば、練習グリーンで5歩の距離を試してみることで、家のカーペットより速いのか遅いのかの判断ができる。

また、目標の線を越えて40㎝以内に止めるように練習するのは、カップを40㎝過ぎるぐらいのスピードがカップインの確率が高く、それ以上になるとカップに蹴られることが増えるからだ。

もちろん、40㎝以内であれば次のパッティングでミスする可能性は極めて低く、3パットになりにくいということもある。

市販のパターマットは1・5～2m程度しかないので、距離感をつかむ練習には少し足りない。しかし、どうしても長い距離を確保できないなら、パターマットでも距離感を養う方法はある。

①カップの縁でギリギリ止まるように打つ
②カップを10㎝オーバーするぐらいのピッタリの距離感で打つ
③カップの向こう側の壁にゴツンと当てるぐらいの強めのタッチで打つ

この3通りを打ち分ける練習をすることだ。これをやると、短い距離といえども、手は距離のフィーリングを感じ取るようになるのだ。

距離感を合わせる技術的なコツとしては、グリップをゆるめに握り、肩の力を抜いてなで肩にし、スムーズにストロークすることに尽きる。

パッティングは左手が舵、右手がフィーリングといわれている。左手は多少しっかり握ってもいいが、右手は「ヒヨコを握っている」くらいソフトなグリップでないと、いい距離感を出せないものだ。

一日10分のパッティング練習が効果的で体にもいい

ロングパットの距離感が合うようになると、1m前後のショートパットが増えてくる。**「3フィートのパットは、ミスするに十分な距離であり、ミスすれば不名誉なほど短い距離でもある」**（フィリップ・モンクリーフ）という名言もある通り、1m程度はなんとか入れたいものだ。

しかし距離感の心配が少ないこの距離では、逆にわずかな引っ掛けやプッシュアウトで方向が狂い、外してしまうことがまま起こる。

これは、ロングパットと違って、ショートパットは弱くて繊細なタッチで打つため、ほんのわずかな動きのずれや、タイミングのずれなどでフェース面が変わってしまったりするからだ。この場合、「方向」を磨く練習が必要になってくるわけだが、これには反復練習をするしかない。

まっすぐな1mのパットを繰り返し打つのみだが、一升瓶がちょうどカップと同じぐらいの大きさなので、**1m先の一升瓶の正面にコツンと強めに当てる練習**が効果的だ。

「**もし上達がお望みならば、1mのパットだけを練習しなさい**」（アーネスト・ジョーンズ）という名言もある。1m前後のショートパットが上達すると、**相乗効果でロングパットも気が楽になり、より距離感が合いやすくなってくる。**

ロングパットの距離感が合い、ショートパットの方向性が定まると、スコアは安定して縮まってくるに違いない。

「**もしゴルファーが6日間、一日10分パッティングの練習をすれば、1週間に一度まとめて60分練習するよりも、はるかに上達が早い**」（レズリー・ショーン）

毎日、一度はパターを手に取るようにすると、パターが手になじんできてフィーリングがよくなるし、5歩の距離感もしっかりと体で覚えることができるだろう。

また、パッティングの練習は、前傾姿勢を継続するので腰を痛めやすい。毎日、短い時間のパッティング練習をするほうが、技術を向上させるためにも、体のためにもいいのである。

㉕ パッティングで一番大事にしているのは、スピードだ。

――ジョーダン・スピース

パッティングの決め手は「距離感の合ったスピード」

２０１４－２０１５シーズンのＵＳプロゴルフツアーでもっとも活躍したのは誰かと聞かれて、ジョーダン・スピースと答えても文句を言う人はいないだろう。

スピースの強さの一番のファクターは、なんといっても同伴プレーヤーがあきれてしまうほど入るパッティングにある。スピースの場合は飛ばないわけではないものの、飛距離でアドバンテージを取れるほどではない。ところが、それを補ってあまりあるパッティングのうまさで、その入り方は尋常ではない。１ピンぐらいのミドルパットもよく入るが、10m以上の長いパットがポンポン入るのだ。

年間チャンピオンを決めた最終戦の3日目を終えてトップに立ったスピースに、記者が「あなたは本当によくパットを入れるが、ファンのためにパッティングのコツを教えてくれないか」と質問したのに対し、答えたのが冒頭の言葉である。


では、どれぐらいのスピードがいいのかというと、アメリカで「カップをどれぐらいオーバーするようなスピードが一番入るのか？」というテーマで実験を行っており、その結果は約40㎝となった。

これは、平坦なグリーンでボールがカップに届いたときのスピードが40㎝オーバーするぐらいだと、カップインの確率がもっとも高いという集計データである。

上り傾斜の場合には、カップ到達時にそのスピードでも、ブレーキがかかって実際には40㎝より短い距離で止まる。逆に、下り傾斜の場合はなかなか減速しないので、40㎝よりもだいぶ遠くで止まる。

また、上り傾斜の場合にはカップの向こう側が高いので、もう少しスピードがあっても入るし、下り傾斜の場合はカップの向こうが低いので、もう少し弱いほうが入りやすい。

では、歴代の名手たちは、どれぐらいのスピードがいいと言っているのだろうか。

球聖ボビー・ジョーンズは、「**ギリギリでカップに届くぐらい**」。さらに、「私は、グリーン上では『なんとかカップに届いてくれ』と身をよじっていることが多い」とも言っている。

ジャック・ニクラスもギリギリ届くジャストタッチ派で、ティーチングプロでゴルフ仙人ことハーヴィー・ペニックも「**カップの真上に止めるつもりでパッティングせよ**」と指導している。

これに対し、タイガー・ウッズや青木功プロは強めのタッチ派で、「**たとえ少しぐらいオーバーしても、行きに転がりを確認できているから、返しのパットは入る**」と言って強気に打っているのである。

カップをオーバーするパットは、少なくともカップインする可能性を残しているとも言える。

その意味で、強めタッチ派はポジティブなメンタルでパッティングしているのであろうし、それだけの技術と自信もあるのだろう。

しかし、アベレージゴルファーはプロほどの技量がないし、練習量も少ない。やみくもに強めのタッチでストロークすると、しばしば1m以上のオーバーとなって3パットが増えてしまい、かえってスコアを崩してしまうことにもなりかねない。

入れるためには強めにストロークしたい、しかし3パットの危険も避けたいという欲張り（？）な要望を満たすにはどうすればいいのだろうか？

プレーヤーの技量でいえば、100を切りたいレベルのプレーヤーであれば、常にジャストタッチの距離感で寄せることだけを考えるといい。「入ったらラッキー」と思ってストロークすることが、平均パット数を減らしてくれるに違いない。

3パットに陥る〝三大危険ケース〟

だが90を切り、あわよくばシングルを目指したいレベルのプレーヤーなら、もう少し積極的にいきたい。ここで大事なのが、そのパットにおける状況判断だ。

①10m以上のロングパット
②下り傾斜で速いラインのパット
③横傾斜が厳しく、曲がりが大きいラインのパット

これが3パットになりやすい、三大危険ケースといえるだろう。
どれか一つでも当てはまる場合には、ジャストタッチを心がけ、入れようとせず、極力3パットを避けることに集中したほうが無難だ。

そして、これらのケースに当たらない10m以内の距離で、ダウンヒルライでもなく、

曲がりも少ないときは、思い切って40～50㎝オーバーさせる強めの距離感で、入れる意識を持ってストロークするのだ。

とくに、5m以内のミドルパットや2m以内のショートパットでは、下りラインや曲がりの大きいラインでなければ、距離感が合わず3パットになることは少ない。「絶対オーバーさせる」という気持ちでいきたいものだ。

強めにストロークするときは、「入れてやる」という意識を強く持つと同時に、たとえ結果として3パットになっても後悔しない覚悟をしっかり持ちたい。

この覚悟がないまま3パットしてしまうと、「やっぱり距離を合わせておけばよかった」と悔いが残り、ズルズルとそのネガティブなメンタルを引きずってしまうからだ。

パッティング巧者だったベン・クレンショーが、スピースを評して「すごいパッティング、すごいスピリット」と言って褒め称えていた。スピースのパッティングが他のプレーヤーと比べて格段によく入るのは、実はこの「すごいスピリット」のほうが要因として大きいのではないかと私には思えてならない。

集中力や「入れてやる」という気持ち、つまり**スピリットには筋力はまったく不要**だ。「還暦を過ぎたとはいえ、力は不要なのだから、気力で入れてやる」ぐらいのスピリットを持ちたい。

そうすれば、スピースには及ばないにしても、仲間内でパッティング巧者と呼ばれるぐらいにはなれるかもしれない。

㉖ パットではストレートラインが一番難しく、曲がるラインのほうが入りやすい。

――杉原輝雄

タッチの強弱と打ち出す方向で、カップインの可能性は無限大

この名言を、意外に思う読者は多いのではないだろうか？

普通は、まっすぐなラインのほうがパットは簡単だと思うことだろう。

しかし、杉原プロによれば、まっすぐなラインはボールからカップまで続く1本の線を寸分違わずになぞらないと、わずかなミスヒットやフェース面の狂いで入らなくなってしまう。だから、むしろ難しいと言うのだ。

パッティングには、**絶対に入らないパットというのが二つある。**それは、「届かないパット」と「カップより傾斜の低いほうへ曲がってしまったパット」である。

どの程度曲がるかをなかなか読み切れないのと、方向と距離感の両方がマッチしないと入らないから、曲がるラインはストレートラインより難しいと一般的には考えられている。しかし、杉原プロは一概にそうではないと言うのだ。

ストレートラインは、たとえジャストタッチでも、カップの幅以内にボールのセンターが入っていないとカップに落ちないし、カップの向こう側の壁にゴツンと当てるぐらいタッチが強い場合は、まさにカップの真ん中を通らなければ入らない。

その意味で、「1本の線を外さずになぞらなければ入らない」という、追い込まれたメンタルになりやすい。

一方、曲がるラインは、ボールがカップに落ちる幅自体は変わらないが、そこへ至る

ストレートライン

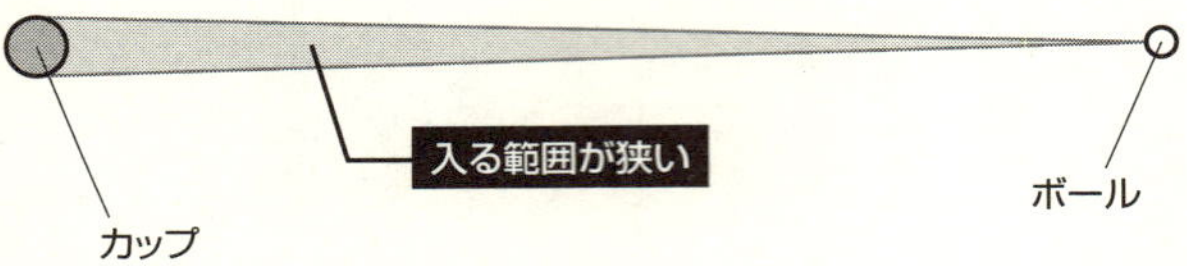

曲がるライン

までは1本の線だけでなく、あらゆるラインが存在すると杉原プロは言うのである。

タッチが強ければあまり曲がらないラインになり、ジャストタッチだと大きく曲がるラインになる。この両者の間のタッチと方向の組み合わせで、入るラインが無数に存在するというわけだ。

そうすると、傾斜の低いほうまで曲がってしまわず、ボールがカップより高いほうを転がっている限り、カップを通り過ぎるまでは入る可能性が残っていることになる。

直感を信じ、ライン読みに時間をかけない

実際、思っていたラインより内側に打ち出してしまったが、タッチが強かったので曲がる前に入

ったとか、逆に思ったより膨らませて打ち出してしまったが、カップ近くで減速して予想以上に曲がって入ったという経験は、どなたも持っているのではないだろうか。

曲がるラインは傾斜を多少読み違えていても、また少々打ち損じたとしても、**カップより高いほうへ打ち出しさえすれば、あらゆるラインが存在して、ナイスインの僥倖《ぎょうこう》に恵まれる**ことがある。こう考えると、気が楽になるのではないか。

とくにミドルパット以上では、ストレートラインはミスなくきっちり打ち出さなくてはならないと感じる。しかし、曲がるラインのときは「だいたいあの辺り」というファジーな感覚で打ち出しても入る可能性があると思えなくもないのである。

パッティングに関しては、「方向と距離感の両方が合わないと入らない」ということばかりを考えがちだが、そう考えてしまうと打ち損じが許されなくなり、心に重圧（プレッシャー）がかかってしまう。

しかし杉原プロのように考えれば、曲がるラインに関しては、ラインの読み違いや打ち損じも救われる場合があるから、そうナーバスにならなくてもいいように思えてきて、神経をすり減らさずに済む。

そもそも、実験によるとプロでも1・5mのパットは70%弱しか入らないし、それ以上の距離ではどんどん確率が悪くなる。

ましてや一般アマチュアは、1mならなんとか70%以上入れたいけれども、それよりも長いパットとなれば入らないほうが多いし、さらに2mを超えると入らないのが普通みたいなものである。

だから、2mを超えたら、曲がるラインでもあまり神経質にならず、ライン読みも時間をかけず、**スムーズなストロークだけを心がけて、大まかな方向へポーンと打ってやればいい。** 意外にもカップインすることがあるかもしれない。

パッティングの名手として伝説的なプレーヤーであるボビー・ロックも、パッティングには一つだけコツがあると、次のような名言を残している。

「あまり考えすぎないこと、直感で決めたラインを信じ、だいたいの方向に打てばよろしい」

曲げたショットのほうがフェアウェイに行くしグリーンにも乗りやすい。さらに曲がるラインのほうがパットも入るのだが、逆の発想を持っていた読者も多いと思う。この辺が、「**ゴルフは、耳と耳の間にあるものを使ってやるもの**」といわれる所以なのだろう。

どうやら、発想の転換、考え方の工夫、心の持ちようなどによって、ゴルフはいかようにもやさしくすることができるようである。

ショットもパットも、ボールが曲がるほうがゴルフはやさしいということを頭に入れて、練習したり、ゲームプランを組み立てたりすれば、読者のみなさんもこれまでとは違ったゴルフになり、上達が早まるかもしれない。

27 パッティングでは最初に浮かんだラインが正解で、あれこれ考えるほど失敗を招く。

――ケリー・ミドルコフ

ラインは読めば読むほどわからなくなる

ケリー・ミドルコフは、歯医者からプロゴルファーに転じて話題を呼んだ名プレーヤーである。

1949年、56年に全米オープン、55年にマスターズのメジャー3勝。その他のPGAツアー37勝。86年にはゴルフ殿堂入りを果たし、パッティングの名手としても知られている。

さて、パッティングラインを予測するにあたって、同伴プレーヤーのパッティングの結果が大きな参考になることは納得いただけると思う。しかし、実はそれ以上に第一印象がもっとも正しく重要だというのが、冒頭のケリー・ミドルコフの言葉である。

そうであれば、ストロークタイプが違う他人（同伴プレーヤー）のパッティングなど、考えすぎを招く余計な情報なので、見ないほうがいいという逆説も考えられる。

この辺は、自分にはどちらがいいのかを自らご判断いただきたい。

オンしたボールに向かってグリーンに上がっていくときに、少し低い位置から大きな視野でグリーン全体を見ると、グリーンのどこが一番高く、傾向としておおむねどちらへ傾斜しているのかを知ることができる。

さらに、自分のボールが止まっている位置からカップへの傾斜も、グリーンに上がる前の大きな視野で見たものがほぼ正しい。つまり、スライスかフックか、上りか下りかというライン読みに必要な傾斜は、近くで見るよりも遠くから見て感じる第一印象が正解なのだ。

その上で、どの程度曲がるのか、転がりのスピードはどの程度なのかを、ボールの近くに行って読むのであるが、そのときはあんまり細かく考えすぎないほうがいい。

感性は理屈とは違う。「**よく考えるゴルファーは、ショットはいいが、パッティングはまるでダメ**」という古い格言もある。ミドルコフはパッティングでは最初に見たときの「閃《ひらめ》き」を大事にして、感性を生かせと言っているのだ。

自分の感性を信じ、思い切りよく打つ人にパッティング名手が多いと言われれば、たしかにそのような選手がたくさん思い浮かぶ。

鬼才といわれた戸田藤一郎プロも、「第一感が正しいんや。グリーンへ上がったら、（ラインを見るため）うろうろせず、**さっさと打つ奴がパッティングはうまいんや**」が口癖だった。

ラインを読みすぎると迷ってくる。そうなると、パッティングに切れがなくなってしまう。

踏ん切りが悪くなるとストロークも緩み、ボールがラインに乗らないというのが戸田プロの言いたいことなのだろう。

パッティングの名手として名高いレオ・ディーゲルも同じことを言っている。

「パッティングが下手な者ほど、傾斜がどうの、芝目がどうのとグリーンを読む。**読めば読むほどわからなくなる**。カップの向こうに行ったり来たりして、結局ミスじゃあ怒るぜまったく。さっさとミスをするほうが、重いものを引きずらず、リズミカルなプレーができるというものだ」

直感に従い、だいたいの方向に打てばよろしい

そのディーゲルが、史上最高のパッティングの名手と絶賛するのが、南アフリカのボビー・ロックである。

5歳でゴルフを覚えて間もなく、父親の友人からL字形のヒッコリーシャフトのパタ

ーをもらったロックは、後生大事に手入れをしながら、ついに生涯、その1本だけを使い続けたといわれている。

だからであろう、「**浮気者はパッティングが下手**」とはロックらしい言い草であるが、あまりによく入るので、仲間たちは恐れと畏敬の念を込めてそのパターに「ガラガラ蛇」という異名を献上したそうだ。

当時の“Golf Illustrated”誌には、「ゴルフではストローク数の半分がパターによって占められるのが常識。ところがこの新人は、ガラガラ蛇と呼ばれる古ぼけたパターを自在に操り、この常識を変えようとしている。彼の18ホールでの総パット数は、この1年間というもの、ただの一度も28打を超えたことがない」と書かれているとのことで、これはもう、驚くしかない数字である。

1947年から参加した米ツアーでは、2年半の短い期間に優勝11回、2位10回、3位8回。49年に出場した全英オープンで優勝、翌年連覇し、合計4勝を挙げている。さらに驚くべきは、20年間で一度もベスト10から落ちたことがないという、安定度抜群の実績である。「**パッティングに優れた者は常に勝つ**」という格言の通り、ロックのパッティングがいかに優れていたかがわかろうというものだ。

ゴルフというゲームは、上達すればするほど、経験が増えれば増えるほどに、逆に難しくなってしまう部分がある。経験豊富になると、ゴルフの持つ怖さが身にしみてきて、それが心を脅かし、なめらかに体が動かなくなることがあるからだ。

しかし、私も含めパッティングの下手な人は、いろいろと考えすぎるのが原因であるのならば、まだまだ改善する余地はあるのかもしれない（と、期待したい）。

多くの名手が同じような名言を残しているので、パッティングでは、

- **(ラインを) 読みすぎない**
- **(悪い結果を) 予感しすぎない**

●（多くを）考えすぎない

この三つを心がけ、第一印象・直感に従って小気味よくストロークしたほうが、名手に近づくことができるのは間違いないようである。

28 パットは、目でボールを押す。

——青木功

いらなくなった老眼鏡でスコアが大幅アップ!?

ジャック・ニクラスを筆頭に、誰もが認めるパッティングの名手・青木功プロ。
彼がパッティングで体を深く前傾させ、パターのトゥ側が浮いたフラットなフォームで構えると、変則的なフォームにもかかわらず、なぜか入りそうな雰囲気がオーラのように感じられた。

なぜ「入りそうな感じ」を受けるのか。その理由の一つに、ボールやラインを睨みつける視線の鋭さがあったように思う。

そして、実際には目でボールを押すことなどできないのだが、**あたかもボールを視線で押してラインに乗せてしまうかのようなマジックパットに見えた**のである。

ゴルフにおいて眼力《めぢから》の強さは、パッティングに影響を及ぼすのかもしれない。

50歳を過ぎると誰でも、早い人は40代から老眼で近くのものが見えにくくなってくるものだ。私も部屋でパッティングの練習をしているとき、ボールのロゴがボヤけて見えることに気づいた。

そんな折、所属クラブの会報に、メンバーの眼科医が投稿した記事が目に留まった。

その眼科医は、「クラブを体に合わせてもスコアは1打変わるかどうかで、あまり大きな効果は期待できないが、**メガネやコンタクトを目に合わせて調整すると、ハーフで2~3ストロークの改善が期待できる**」と言う。

私は「目が悪い」というと近視のことしか思い浮かばず、ゴルフは近くを見ることは少ないから老眼がプレーに影響することはないと思っていた。しかし、メンバーの眼科医は**老眼を矯正すると効果がある**と言うのだ。

もちろん、本を読むときのような度の強い老眼鏡はゴルフには必要ないし、かえって見づらくなってしまう。

そこで、今では度が足りなくなってしまった、人生で最初につくった老眼鏡（度数1程度）を机の引き出しから掘り出して、パッティング練習をしてみた。

私は、この度数では近くはもう焦点が合わないが、1m以上離れてしまえば、たとえば3m先のテレビは裸眼より見やすく、200ヤード先を見るのにも焦点が合わせられるレベルなのだ。

遠近両用という呼び方があるが、言ってみれば「遠中距離用老眼鏡」というところか。これでパッティングすると、まずボールのロゴやディンプルがクリアに見えるし、1〜1・5m先のカップもハッキリ見える。

ボールの転がりもクリアに見えるので、「これはいいかもしれない」と思い、仲間内の気楽なコンペで初めての老眼鏡プレーを試してみることにした。

ロングパットの距離感をつかむのに効果大

その結果はというと、実は期待以上だった。

スコアもよかったが、全体的にショット、アプローチ、パッティングの安定度が高まり、とくに**パッティングの安定度がとてもよかった。**

ロングパットの距離感、「入れごろ外しごろ」の長さのパットの方向性と距離感のマッチング、これらがいつ以来かわからないぐらい久々によかったのである。

パッティングの練習は、部屋のなかでパターマットの1～1・5mを転がしている程度で、これは以前から日課でやっていること。特別変わったことをしたわけではない。この日いつもと違ったのは、軽い度数の老眼鏡をかけてプレーしたことだけだったのである。

ショットのときもかけたまま打ってみたが、これは大きな違いはないように思う。効果が感じられたのはやはりグリーン上で、**ラインや傾斜も見やすいことが実感できた。**

傾斜や芝目が見えやすいと、読んだラインになんとなく自信が持てるし、ボールやカップがクッキリ見えることで集中力が高まる。老眼鏡でのプレーはパッティングストロークをよくする効果があると感じられたのだった。

ゴルフでは、目からの情報によってショットやパッティングのイメージを鮮明に描くことが、ナイスショットやグッドパットにつながるといわれている。ゴルフのメンタル戦略において、**イメージングが果たす役割は大きい**のだ。

ところが視力が低下すると、目から入る情報を正しく認識できない。ということは、誤ったイメージングをしてしまっていることになる。

これまで老眼がゴルフに影響するとは思ってもみなかったが、こう調べてみると、実際はスコアアップにかなり効果がありそうである。

カラーレンズと組み合わせて度つきサングラスをつくるのもいいだろう。ゴルフ用には黄色系が芝目の濃淡が見やすく、度数は弱めがよい。厳しい体幹トレーニングや練習場での球打ち練習をしなくても、視力を改善（矯正）するだけでスコアアップができるならやってみない手はないと思うが、いかがだろうか？

第4章
ゲームマネジメントとメンタル

㉙ ハザードやOBは、避けすぎてはいけない。

――中部銀次郎

避ければ避けるほど逆ダマに……

左に池があれば右を向いてアドレスし、右にOBがあれば左に向かってアドレス。多くの一般アマチュアゴルファーは、ハザードやOBとは反対の方向へアドレスしてショットすることだろう。

しかし、十分に注意してトラブルを避けたはずだったのに、意に反して逆ダマが出てしまい、避けたはずの池やOBへボールが吸い込まれてしまう……そんな経験がよくあるのではないだろうか？

シングルプレーヤーでも、この逆ダマは往々にしてやりがちなミスである。しかしいったい何が原因で、「避けたはずのところにボールが行ってしまう」などということが起こるのだろうか？

これを銀次郎さんは、**「避けすぎ」たから**ではないかと言う。

人間の体にはあらゆるセンサーがついていて、無意識のうちにかなり精密にいろいろなものを測っている。

思い切ってハザードやOBを避けてアドレスを取ると、この精密測定器のどれかが**無意識のうちに警告を発してしまう**のだ。

「ここまで避けて当たりが悪かったら、逆側の斜面まで曲がってしまうかも？」という感じで、無意識のうちに発せられた警告は、これまた無意識のうちに制御装置のスイッチまでも入れてしまうらしい。

その結果、逆方向への調整を小手先でやるような制御が働いてしまい、普通にスウィングできなくなって、引っ掛けたり押し出したりして逆ダマを打ってしまうというわけだ。

そうはいっても、左に池なんかがあれば、そっちのほうは向けないし、できるだけ反対の右方向へターゲットを設定して、その方向へスクエアにアドレスを取りたいと、誰もが思うことだろう。

避けていいのは「3度」まで

では、どの程度なら「無意識の警告」や「無意識の制御装置」を発生させず、逆ダマにならずに済むのだろうか？

銀次郎さんは、これを「**角度3度まで**」と言っている。

この「3度」というのは、銀次郎さんの感覚で言っていると思われるが、具体的にはどれくらいの範囲になるのだろうか？

インパクトで1度狂うと、200ヤード先ではおよそ4・5ヤードずれるといわれているので、３度では13・５ヤードぐらいのずれとなる計算である。

たとえば左の池を避けたい場合に、普通はフェアウェイセンター狙いのところを、右に13・５ヤード以内の範囲でターゲットを定めてハザードを避けておく。そうすれば「避けすぎ」の警告アラームも鳴らず、自動制御装置のスイッチも入らずに済むということになる。

通常のフェアウェイは30ヤードぐらいの幅はあるから、ハザードやOBを避けるとしても、フェアウェイの幅のなかで避けていればおおむね３度の範囲内ということになるだろう。

しかし、「その程度の避け方じゃ不安だ」と言う方もいるかもしれない。

そう感じる方は、不安なままショットするのもこれまたよくない結果を招くので、プラス１度、さらに４・５ヤード多く避けるぐらいは否定しない。

その辺の微調整は、ホールのレイアウトにもよるので臨機応変でいいと思う。ただ、**あまりに「避けすぎる」のは逆効果となる**ことも覚えておいて、微調整の範囲にとどめることが、心の平安を維持するコツなのである。

避けないのも不安、避けすぎても無意識の不安が心のなかに発生するということを自覚していれば、自ずとうまく対処できるのではないかと思う。

次の一打でリカバリーしようとしない

ゴルフは、心に波風を立てずに淡々とプレーすることが一番スコアをよくするものだ。喜んでもダメ、嘆いてもダメ、意気込んでもダメ、大事にいこうと抑制してもダメ……なのである。

ミスショットしてもくよくよせず、起きてしまったことはいくら考えても打ち直せるわけではないのだからと現実を素直に受け止め、次の一打でさらに心が乱れないような選択をして、**あっさりとボギーやダボを受け入れる**ことが大事だ。

そうすれば、次のホールのティーグラウンドに立ったとき、もう心の平安を取り戻していて、ひょっとしたらスコアを挽回できるかもしれない。

リカバリーというのは、次の一打の一発勝負で取り戻すものではなく、長いラウンドのなかで徐々に取り戻していくものなのである。

それなのに、多くのアベレージゴルファーはプロのようにうまいわけでも練習しているわけでもないのに、プロが時折見せる曲芸のようなスーパーショットを試みてしまう。

結果は、1ホールで2ケタの大たたきなんてことになって、その日のゴルフをジ・エンドにしてしまう。そのホールをボギーやダボで凌いでいれば、まだまだリカバリーの楽しみが残るのに、もったいないとは思わないだろうか？

せっかくお金を払ってゴルフ場に来ているのだから、ハンディを引いたネットでのパープレーであがれる可能性を、できるだけ最終ホールまで残してラウンドしたほうがどれだけ楽しいか。これは疑いようもないのである。

㉚ 次善を求めて、最善を尽くす。

——中部銀次郎

「なんとなく不調」の原因は？

この名言は短い言葉だが、ゴルフをプレーする上で、非常に多くの、そして価値ある示唆が凝縮されている。まさに「金言」といってもいい言葉だと思う。

みなさんは、原因不明の「なんとなく不調」に陥ってしまったことはないだろうか？
たとえば、コースコンディションや天候などの理由があって、不本意なラウンドをしてしまったとする。その後、なぜかずっとスコアがまとまらなくなり、しかも距離が短い、やさしいコースへ行っても、その状態から抜け出せなくなるようなケースだ。

こういう「なんとなく不調」が続くときのスコアを分析すると、各ホールのスコアの波が大きくなっていることが多い。

そして、そのようなときの心理状態は、無意識のうちに最善を求めているものである。ロングパットやアプローチは、タップインできるぐらいきっちり50㎝以内に寄せなくてはならないと思っているし、さらにアイアンショットも、ピンのできるだけ近くへ打とうと狙っている。

ドライバーもできるだけグリーンに近づけようとショートカットを狙ったり、飛ばそうと強振したりということを、無意識のうちにしてしまっているのである。

つまり、**無理していることに気づかず、自分で自分を追い込んでしまっている**のだ。

そのように無理をしても、パーやバーディの数はそうそう増えるものではなく、ダボやトリプルボギー以上のホール数だけが増えてしまって、結果としていつの間にかスコアを崩してしまっているのである。

このように、何かがうまくいかなかったことでメンタル的に追い込まれ（自ら追い込んでしまって）、ゴルフ全体に悪い流れができてしまい、スコアがまとまらなくなることは実はよくあるのだ。

スウィングが急に悪くなることなんてそうそうないし、アプローチやパッティングのスキルが急にレベルダウンすることもあまりない。

しかし、メンタル面の調子というか、気持ちというのは、**たった一発のミスショットからでも急激に変化し、悪化してしまう**ことがままあるのだ。

気持ちの変化というやつは、プレーヤー本人が気づかないうちに、いつの間にか起こっていたりする。そして、これを是正するのはなかなか難しいもので、簡単にはいいときの心理状態に戻れない。

何か一つをよくして、そこからいい循環の連鎖反応を起こさせるしか治療法はなく、そのきっかけをつくる鍵が、「次善を求めて、最善を尽くす」の徹底ではないかと思う。

次のプレーに可能性を残すような選択をする

では、「次善を求めて、最善を尽くす」とは、どういう心の持ちようなのだろうか。

ここでいう「次善」とは、「次がいい」ということで、**次のショット、次のアプローチ、次のパッティングがしやすいようにと考える**のが、「次善を求める」ということになる。

しかし、次が楽だからといって、ドライバーでショートカットを狙ってグリーン近くまで運ぼうとしたり、次のパッティングが楽だからとアイアンでベタピンを狙ったりするのは、次善を求めて最善を尽くしているのではなく、最善を求めて最善を尽くしているだけだ。

これに対して「次善を求める」は、**最高ではないけれども、次のプレーをするには十分で安全なポジションを求める**ということだ。次善の次という文字には、「次が打ちやすい」という意味の他に、本来の「最高の場所の次に打ちやすい」という意味、つまり

「一番いい」ではなくとも「その次にいい」という意味合いも含まれるのである。

たとえば、ＯＢスレスレのラインを狙えばグリーン近くまで届き、次のショットを打つには最高に狙いやすくなるという場合。ここであえて反対側の広いエリアを狙い、少々のミスショットになっても、次のショットは問題なく打てるだろうと考えるのが、次善を求めるマネジメントである。

ドライバーでは、ＯＢのないサイド、ハザードのないサイド、広いサイド、セカンドでグリーンが見やすいサイドという判断で次善を求めるべきで、そのポジションを狙うべく最善を尽くすことになる。

グリーンを狙うアイアンショットでも、一番広いグリーンセンターを狙うのが次善であるし、場合によってはグリーンを外すようなミスショットでも、ハザードを避けてアプローチに可能性を残せるサイドを狙うことも必要だろう。

アプローチショットにしても、ピンデッドに寄せようとするよりも、１パットセーブの可能性を残すようなアプローチをプランするべきで、下りのパッティングを残すような狙い方はいただけない。できれば、得意なライン（右利きの人はフックラインが得意な場合が多い）が残るようにと考えることも有効だろう。

また、多少のミスヒットでも、大きなミスになりにくいランニングアプローチを多用することとも、なんとか1パットセーブの可能性を残す範囲には寄りやすいので、次善を求めた選択といえる。

パッティングにしても、入る確率が低い距離から強めにストロークすることは積極的ともいえるが、最善（カップイン）を求めて打ってしまっているので、次善を求めるプレーとはいえない。距離感を合わせて寄せることに専念すべきだ。

こうして、すべてのショット、すべてのパッティングにのぞむとき、**最善を求めてしまうことを慎み、次へ、その次へと可能性を残し続けていく**ことが、好循環の始まりとなっていくはずだ。

そして、次第に大たたきが減少し、安定したラウンドを続けられるようになり、結果としていいスコアを手にすることができるようになるのである。

㉛ 風雨の激しい日は、あらかじめ5打多く打つ覚悟を決める。

――ウォルター・ヘーゲン

雨ゴルフでスコアを崩す原因は技術よりメンタル

ウォルター・ヘーゲンが「キング・オブ・プロ」と呼ばれるほどの名手であったことは、ご存じの方も多いだろう。

全盛期には、どんな悪天候でも69ストローク以下でラウンドしたというから、その技量は突出していたものと理解できる。

それでも、風雨の激しいときは5打悪くなることを覚悟してプレーしたというのだから、コンディションがいいときは、65以下でラウンドしていたのだろう。

雨中のラウンドを嘆くゴルファーは多い。

「濡れて重い芝のラフからのショットが難しい。フェアウェイに置くことの重要さを痛感する」

「濡れて柔らかくなった上からの加減ショット（アプローチ）でザックリばかり」

「3連続で雨ゴルフ、もう雨の日のゴルフはイヤだ〜」

などなど、悲痛な叫びが聞こえてくる。

たしかに、雨で芝が濡れて重くなると、とくにラフでは抵抗が大きくなって振り抜きづらい。水を含んで柔らかくなった地面は、とくにアイアンヘッドが食い込みやすくなり、わずかでもダフると飛距離のダウンが激しく、ひどいときにはボテボテのゴロになってしまう。

また、ランが出ないから、ドライバーの飛距離がほとんどキャリーだけとなり、パー4やパー5のホールが長く感じられてしまう。

さらにグラウンドが柔らかいと、グリーン周りからのアプローチもウェッジのソールが滑ってくれず、食い込んでしまってザックリのミスが増える。

これに強い風が加わったときには、もう泣きたくなるような状況だ。当然ながらスコアもメタメタに崩れるから、「もう雨の日のゴルフは嫌!!!」となるのもうなずける。

コンディションが難しいのだから、スコアが悪くなるのは自明だ。それにしても、一般アベレージゴルファーは必要以上にメタメタのボロボロになりすぎているように思う。

上級者やプロなら、風がなく、雨が降っているぐらいでは、そう大きくは崩れない。さすがにグリーン上に水溜りができて、まともなパッティングができなくなってしまうほどの豪雨であればスコアにならないが、競技が続行できる程度のコースコンディションならば、それなりのゴルフをするものだ。

「上級者にはダフらない技術があるからだよ」とアベレージゴルファーは言うかもしれない。たしかに、上級者はアイアンでボールの先のターフを取るし、プロともなればボールだけを綺麗にさらうような技術も持っているかもしれない。

では、そのような技術に乏しく、練習量も少ない一般ゴルファーはお手上げなのだろうか?

私は、**雨ゴルフでスコアを崩すのは、技術的な面よりもメンタル面のほうが大きい**と思う。

まず、ティーではランが出ない分をなんとか飛ばそうと、リキんで強振する。セカンドでも、濡れた芝は重いという意識から、肩や腕にリキみが出る。

アプローチにおいても、ザックリ気味になった場合でもヘッドをなんとか送ろうと考えて、グリップを強く握ってしまう。

要するに、雨による影響やミスをよく理解しているから、それをなんとかしようと考えて、**必要以上に力が入ってしまっている**のだ。

雨の日にこんなメンタルや考え方でいると、一日中リキみっぱなしで、かえってミスの連続で疲れ果ててしまい、必要以上に崩れるということになる。

「5打多く打つ」覚悟でリキみが消える

ここで、ヘーゲンの言葉を思い出してほしい。

プロのなかのキングといわれたヘーゲンでさえ「5打多く打つ覚悟を決める」と言っているのだから、一般アベレージゴルファーはさらに5打、風でさらにさらに5打と考えれば、風雨が強い日はハンディ＋15打ぐらいを覚悟すべきなのだ。

この「覚悟を決める」というのが大事で、トータルでパー＋ハンディ＋15打で上がることを目標にするのではなく、**それぐらい打ってしまう、打たされてしまうと覚悟を決める**ことが大事なのだ。

この覚悟ができずにスタートするから、自然の猛威に抵抗しようとリキんでしまう。

これに対し、しっかり覚悟を決めてからティーオフすると、無理に飛ばすよりもフェアウェイキープを優先するし、ハーフトップでも前に進めばよしとするメンタルになるから、ドダフリで3ヤードしか進まないなどという悲惨なミスショットはかなり防げる。

グリーン周りでも、ピッタリ寄せようとしないでオンさせることを最優先にするため、ダフったときの結果に大きく差が出るウェッジよりも、7番や8番アイアンで転がしてアプローチすることになるだろう。

技術的には上級者に及ばないにしても、こういう心がけで落ち着いてプレーすれば、アベレージゴルファーも大崩れは防げるのである。

シングルプレーヤーでさえも、こういう覚悟ができずに、天候などのコンディションが悪いと弱い一面をさらけ出してしまうことは結構多いのだ。

ボビー・ジョーンズもこう言っている。

「**ときに頭脳は、14本のクラブ以上の仕事をする**」

アベレージゴルファーも、15本目のクラブを持つ、つまり悪天候の日はその日なりの考え方（ゲームプラン）と覚悟をもってプレーすれば、必要以上にボロボロのスコアにならなくて済むのではないだろうか？

㉜ 距離感は、気持ちです。

——石川遼

感性を高めればゴルフはうまくなる?

ゴルフの上達には練習による技術の向上が欠かせないが、そのためには舞い降りてきた「ひらめき」や「ヒント」を感じ取って生かす、「感性」の役割が大きいと思う。コースには風が吹き、アンジュレーションもあるから、ライや傾斜も毎回違う。そういったことに瞬時に対応するには、やはり感性が大切だ。人間には感性があるから、風や傾斜の影響を判断して、すぐにそれに合ったスウィングをすることができる。

その日の天候や体調などを感性で感じ取り、どうもクラブが重く感じられるなら少しだけ短く持つとか、1番手長いクラブで軽く振るとか、感覚的に対応できるようになると、スコアがよくなるのだ。

以前、石川遼プロがインタビューで「距離感は、気持ちです」と言っていた。腰から腰で何ヤード、肩から肩で何ヤードというふうに機械的に距離感を出そうとするのではなく、そういうことはあくまでも目安であって、**「あの地点に落とす」という気持ちが距離感を合わせる**と言うのである。

丸めた紙くずをゴミ箱へ放り入れるのに、「ここからゴミ箱まで3mだから腕の振り幅はどれぐらいにして……」なんて考えず、感覚的に自然に距離感を出して投げ入れるのと同じであろう。

ではゴルフの感性を高め、磨くにはどうすればいいかというと、私は気の持ちよう、とくに強く集中することではないかと思っている。

ショットやパットで集中力が高まってくると、それとともに自然に感性も研ぎ澄まされてくるような感覚があるのは、誰しも同じではないだろうか。

ゴルフはプレー時間全体が5時間くらいと長いので、常に集中していては最後まで集中力がもたない。

よって、歩いたり移動したりしている時間はなるべくリラックスするようにし、集中するのはショットやパットに入るときだけ。**プレショットルーティーンのなかで集中力を高める癖をつける**と、18ホール続けられるだろう。

もちろんスロープレーにならないよう、よどみなく速やかにやらなくてはならない。呼吸を整えながら、打ちたい球筋をボールが着地するところまで、パットならカップインするところまでを映像的にイメージすることで、集中力が高まってくる。

年齢が上がってくると、若いころのような強い集中力が出せなくなってくるとは思う。とくにパットがイマイチ入らなくなるのは、それが原因のようにも感じる。

集中力がイマイチ高まらない、つまり感性をイマイチ発揮できないことが、パッティングの微妙なタッチに与える影響は大きいのだろう。

パットがうまい人を見ていると、入りそうなオーラのようなものが感じられる。それはやはり、その人の集中している様子が、そう感じさせるのだろう。

集中力とメンタルを鍛える3ステップ

メンタルトレーニングで集中力や強いメンタルを身につけるには、次のようなステップを踏むとよいといわれている。

①**自己認識**
②**コントロールの可否の整理**
③**演技力の発揮**

①の自己認識とは、自分自身の技量がどれほどのものか、どういうときに緊張してどういう状態になるのか、どういうときにどんな感情が出るのかというようなことを、しっかり自分で知っておくということだ。

多くの場合、人は自分が思っているより自分を知らないものだ。しかし一方で、**人は**

自分自身がわかっていることしかコントロールできないそうである。

まずは、自分自身であらゆるゴルフシーンを思い出し、そのときの自分の反応や行動を振り返ってみることで、自己認識力は高まるといわれている。

②は、自分が「コントロールできること」と「コントロールできないこと」に分けて整理するということだ。

OBを打ってしまった、3パットをしてしまったというような過去のことは、もうコントロールできないし、いくらバーディがほしいと思っても、未来も思い通りにはできない。**未来につながる可能性がある今、ベストを尽くす**ことだけなのだ。

このように「コントロールできること」を見極めて整理すると、目の前のショットやパットへの集中力が高まってくるのではないだろうか。

①と②を意識しても、自分の持てる最高のパフォーマンスを自然に発揮できる人は少ないだろう。そこで必要になるのが、③の演技力だ。

つまり、自分が最高のパフォーマンスを発揮できるようになるのではなく、そういう自分になりきって演じようと意識するのである。

宮里藍プロは、かつて招かれたジュニアのゴルフクリニックで、「**みなさん、女優になってください**」とジュニアゴルファーに呼びかけていた。これも演技力の効能を伝えたかったのであろう。

①と②で「演じるべき自分」を見つけ出し、③で演じきる。この3ステップで最高のパフォーマンスを発揮できる、強いメンタルが持てるのだ。
勝負どころで力を発揮するプロやアスリートは、ごく自然にスイッチが入り、演技力を発揮して演じきるスキルを持っているから、メンタルが強いように見える。しかし競技を離れ、素顔に戻った彼らは、意外に普通の人と変わらなかったりするものだ。

一般のゴルファーがどこまでそれに近づけるかはわからない。しかし、できる範囲で意識してみる、整理してみる、演じようとしてみると、少しずつメンタルが変わってきて、いいパフォーマンスにつながっていくかもしれない。

33

まず、ゴルフを楽しみなさい。思い切りクラブを振るのです。たとえまぐれ当たりでも、それで一日が幸せになれます。

――ジョイス・ウェザーレッド

朝イチのティーショットには悪魔が棲みつく

ジョイス・ウェザーレッドは英国が世界に誇った天才女性ゴルファーである。その戦績は、世界的規模の試合で38勝してわずかに2敗。負けた試合の日は、39度の熱があっての2位なのだからすごい。さらに、イングランドに限っては33戦全勝の負け知らずというのも驚異的な記録だ。

そんな天才プレーヤーでさえ、「まず、ゴルフを楽しみなさい。思い切りクラブを振るのです。たとえまぐれ当たりでも、それで一日が幸せになれます」と言うのだ。

コースへ出ると、朝イチのティーショットからプレー開始となるわけだが、この朝イチのティーショットが結構な曲者《くせもの》だということを、常々感じている読者は多いのではないだろうか？

とくに、コンペなどで大勢の参加者が見守るなか、朝イチのドライバーを打っていくのは、なかなかの緊張ものである。

「身の毛もよだつ恐怖の瞬間」（バーナード・ダーウィン）
「我とわが身に発生する空白の混乱」（グラントランド・ライス）

と、二人のゴルフ評論家が表現するように、朝イチのティーショットはゴルファーを狂気に駆り立て、心拍数を限りなく上げ、正常ではない状態にしてしまう厄介な代物である。よって、ミスショットになることが多いのは、うなずける読者も多かろう。

全米オープンの予選会で、アーチー・ショートという選手が朝イチのティーショットで自分を見失い、連続7発のOBを打ってしまい、そのまま帰宅したそうだ。

また、新しく開場したゴルフ場で始球式にのぞんだシカゴ商工会議所のE・ホールドマン会長は、500人に及ぶ招待客の前で緊張の極みだったのか、実に9回もクラブを振って、一度もかすりもしなかった。

さらに、当時現職の首相でありながら、初めてシンガポール・アマチュア選手権に出場したリー・クワンユーは、大勢のギャラリーが詰めかけたなかでの注目の第1打目、ドライバーのヘッドがボールの30cm以上も手前にメリ込み、なんとネックからポッキリ折れてしまった。

……などなど、朝イチのティーショットでの珍事に関しては、枚挙にいとまがない。どうも朝イチのティーショットには悪魔が棲みついているらしい。

逆に、この**朝イチのティーショットをうまく打てて乗り切れたときには、その日のゴルフは順調にいく**ことも多い。

しかし、友人同士の気楽なラウンドであっても、この朝イチのティーショットはうまくこなせないことが多いものだ。

ゆえに多くの名手たちが著書のなかで、朝イチのティーショットをうまくやり過ごす手法について、さまざまなことを書いている。

名手といえども、やはり朝イチのティーショットは心理的に「嫌なもの」なのだ。

それでは、名手たちは朝イチのティーショットをうまく乗り切る方法について、どんなことを言っているのか。読者のみなさんが何冊もの本を読まなくていいように、いくつか秘訣を並べてみよう。

「ミスしても当たり前」と思え

①たかが18分の1ではないか。あまり重大に考えてはいけない。

②ひと呼吸入れてゆっくりと振れ。ミスの原因は性急に振ることにある。
③ティーを低くして打て。スライスしやすいが、球筋が予測できるので気が楽になる。
④いつもの7割も飛べば十分。そんなリラックスした気持ちで振り抜こう。

多くのレッスン書に書かれている朝イチのティーショットを乗り切る秘訣は、結局のところ、この四つのどれかに当たる（もしくは近い）。

共通しているのは、「心を楽にする」ということ。「それができないから厄介なんじゃないか!!」とキレてみたくもなるが、興奮したサラブレッドがゲートから鼻息荒く飛び出すように、ゴルファーもティーオフしていかなければならないことには変わりがない。

一流のプロたちでさえ、朝イチのティーショットでは手が小刻みに震えているというが、私も大学時代にプロのトーナメントのボランティアに行って、そんな光景を見たことがある。

毎日練習し、スタート前にも球を打ってティーオフするプロでさえそうなのだから、一般のアベレージゴルファーなどが朝イチのティーショットでミスするのは当然なのだ。だから私は、**「ミスしても当たり前」と開き直ることが、一番の秘訣**ではないかと思う。

格好よくナイスショットを飛ばしてスタートしようと思うから、緊張してしまう、リキんでしまう、焦ってしまうのではないか。

チョロでもいいから**「前に飛べば御の字」と、最初からミスショットを覚悟してしまえば、それほど緊張はしない。**

そもそも、一般のアベレージゴルファーがナイスショットできる確率なんて、練習場でさえ5割程度なのだから、コースでのぶっつけ本番ではもっと低くなって、10回に1〜3回程度であることを認識すれば、「ミスで当たり前」と思えてくる。

朝イチのティーショットも、「当たったところで、まぐれ当たりさ」と、むしろ楽しんで思い切りクラブを振れば、一日幸せにゴルフができるといえるのかもしれない。

34 イップスは、試合でしか治せない。

——倉本昌弘

ベテランゴルファーを襲う「イップス」の恐怖

倉本昌弘プロは、全英オープンで日本人最高位である4位の記録を残し、国内30勝以上の永久シード権を持つ数少ないプレーヤーである。

大学生時代、「強すぎて話にならない……」と言われるほど強かった倉本プロは、全日本学生選手権を一度も負けずに4連覇。さらに日本アマ、関東アマなどアマチュア競技のタイトルも総なめにした。

そんな彼を、あるときイップスが襲う。しかもそれはドライバーイップスであった。

テイクバックは上がるが、トップで頭が真っ白になり、クラブを振り下ろせなくなってしまったのだ。

アメリカへ行って環境を変えるなど、時間をかけていろいろな努力をした結果ようやく克服できたようで、またシニアの試合に戻ってこられたのは何よりだ。

イップスという用語は、1930年前後に活躍したプロゴルファーのトミー・アーマーがこの症状によって引退を余儀なくされ、〝yips（yipe は叫び声）〟と名づけたのが最初といわれている。

これまでにも多くのゴルファーがイップス症状でスランプになり、ひどい場合は引退に追い込まれていった。

ゴルファーの40〜50％にイップスの経験があるといわれていて、とくに長年ゴルフをしてきて熟達したプレーヤーに多く発症例が見られるらしい。

やはり、レベルの差はあるかもしれないが、クラブ競技以上の試合に出るような、**ゴルフに熱心で真面目に打ち込んでいるタイプが発症しやすい**ようだ。

ゴルフのイップスでは、パッティングに症状が出るケースがもっとも多い。男子プロを含め、長尺のパターを使っているようなプロはほとんどパターイップスだ。

ゴルフほどではないが、イップスは野球、テニス、バスケットボールなどあらゆるスポーツでも20～30％のプレーヤーが発症しているとのこと。

イップスの確立された治療法は、残念ながらない。原因についても、精神的なものが大きいとはいわれているが、筋肉や自律神経など他の要因も複合的に関係していると考えられている。要因が多岐にわたりすぎて特定できないから、治療法も見つけられないというわけだ。だから、プロのように本物のイップスに罹患《りかん》してしまうと、復帰するまでに相当な努力と歳月が必要になってしまうのである。

一般アベレージゴルファーは「イップスモドキ」？

では、一般アベレージゴルファーのイップスについてはどうなのだろうか？

倉本プロは「試合でしか治せない」と言うが、試合に出たりすることが少ない一般ゴルファーのイップスは治せないということなのだろうか。

誤解を恐れずに言えば、競技に出ていない、遊びのゴルフだけをやっている一般のゴルファーが「イップスになった」と言っているのは、ほとんどが本物のイップスではなく、いわば「**イップスモドキ**」ではないかと思う。

人は誰しも、慣れない場所で慣れないことをすると、緊張で手や足が震えたりする。たとえば、結婚式で慣れない乾杯のスピーチをしなくてはならないときなど、緊張でアガってしまい、グラスを持った手が震えて止まらなくなるなんてことは、よく見る光景だ。大勢の前で挨拶をしなければならないようなときに声が震えたり、足がガクガクしたりするというのもよくある話である。

一般アベレージゴルファーのイップスらしき症状というのは、これらと似たようなものなのではないだろうか。

イップスモドキの処方箋

それならば、プロのイップスと違って、イップスモドキは治癒する可能性が高いのではないだろうか。

大勢の前で起こる緊張は、何度もこなしているうちにだんだん慣れて、緊張しなくなってくるものだ。イップスモドキも、緊張する場面でのパッティングやアプローチに慣れればよくなるのかもしれない。

しかし、一般的なアベレージゴルファーのラウンド回数では、なかなか慣れるほどの経験を積み重ねるのは難しいだろう。

慣れるのが無理なら、次にできる対策は「**準備をする**」ことだ。

スピーチでも事前に原稿をつくって、それをソラで言えるくらいに練習しておき、念のために原稿を胸ポケットにでも入れておけば、安心感からかそれほど大きな失敗はしない。

アプローチやパッティングのルーティーンのなかで、「なんとなくまだしっくりこない状態だけど、スロープレーにならないように、準備不十分のままアドレスしてしまった」とする。

そうすると、心に不安が残っているのでスムーズに手が動かない。無理やり動かすとまったく打てなくて大ショートとか、逆にパンチが入って大オーバーになってしまうというわけだ。よって、素振りをしながら考えるべきことを全部済ませてしまって、イメージがしっかりできてからストロークするようにしたらどうだろうか。

プロでも、プレショットルーティーンで準備が整っていないうちに打ってしまうと、ミスを犯すことが多いそうだ。**イメージができあがるまで十分に準備をして、あとは何も考えず、イメージ通りにストロークする。**最後は「失敗したからといって命までは取られない」と開き直るぐらいがいい。

このメンタルコントロール法は、プロが罹患する本物のイップスでも相当な効果があると聞くので、アベレージゴルファーのイップスモドキにも効果が期待できると思う。

㉟ 余計なことは言わない、しない、考えない。

――中部銀次郎

ミスショットしても、声に出してはいけない

私の元上司は、仕事の関係で中部銀次郎さんと何度かラウンドしたことがあるという。その人から聞いた話だが、ラウンド中の銀次郎さんは本当に目立たない存在だったそうだ。

自分の打順が来ると、銀次郎さんは淀みなくアドレスし、素振りもせずに速やかにスウィング。打ち終わると、また気配を消しているかのごとく目立たなくなるという。

パッティングにおいても、しゃがみこんでラインを読むことも、カップの反対側まで

行ってラインを読むこともしない。ボールの後ろから中腰で傾斜を見る程度で、ショットと同じく速やかにストロークをしてしまい、それでいてよく入ったという。

プレー中の銀次郎さんは、**無駄な動きが一切ない上に、素振りもライン読みも大してせず、自然に〝PLAY FAST〟を実践していた**わけで、同伴プレーヤーにとってはまったく邪魔にならない空気のような存在であったらしい。

そのようなプレーぶりの基本的な考えが、「余計なことは言わない、しない、考えない」であったようだ。この心がけと実践は、実はスコアにも大きな影響があるのだが、そのことを知るプレーヤーは少ないだろう。

コースへ出てラウンドしていると、同伴プレーヤーばかりでなく、隣のホールやあちこちから、「あ〜ダフったぁ」「いかん！　ヒッカケだぁ」「トップした〜」「いやんバンカー……」「チョロだぁ〜」「OBだぁ〜」「林だよ〜」「池ポチャかぁ〜？」などなど、あらゆる失敗の嘆きが聞こえてくる。

これを失敗した本人でなく、同伴プレーヤーが指摘して叫んでいるのなら、マナーとして甚《はなは》だ考えものだ。失敗した本人にしてみれば、「そんなこと、わざわざ言われなくても見りゃわかるって！」と傷口に塩を擦り込まれたような気分になって、イラッとするから、当然スコアに悪影響を及ぼす。これは論外だ。

問題は失敗した本人が自分のミスを声に出してしまっている場合である。これは、ほとんどのプレーヤーに心当たりがあるのではないだろうか？

「もっとうまく打てるのに……」という深層心理

これらの嘆きを声に出しているのは無意識かもしれないが、その深層心理には「自分はもっとうまく打てるはずなのに」という驕《おご》りがある……と銀次郎さんは言っている。ゴルファーという生き物にはよほど自信家が多いらしく、内心では自分はうまく打てると思い込んでいる。

だから、いざ本番でミスすると、「こんなはずでは」という思いから、自分のミスを声に出してしまったり、「ア〜ッ」とか「あれ〜？」のような声を出してしまうのだ。

人間は、声に出すとその内容が深く心理に刻まれるようにできているらしい。黙読した場合と音読した場合では、音読のほうが記憶に残るという現象からしても、それは確かなようだ。ミスを自ら声に出してしまうと、そのミスの記憶が強く残ってしまい、悪影響でしかない。

「失敗の嘆き節」を声に出してしまうと、同伴プレーヤーも本人も心理的に悪影響を受けてしまい、その組全員のスコアを悪くするほうに働くのである。

それに、これらのミスショットに対する嘆きは聞いていて気持ちのいいものではないし、第一、格好が悪い。

ゴルファーたるもの、銀次郎さんほどではなくとも、できればスマートにプレーしたいものだ。**声に出さず、ぐっと飲み込むことでスコアもよくなる**のだから、急には無理かもしれないが、なるべく声に出さないように心がけ、実践できるようになりたい。

副交感神経を優位にすればスコアは伸びる

ゴルフをプレーするときは、自律神経の交感神経と副交感神経のバランスが、少し副**交感神経優位の状態のほうがいい**といわれている。

プレーヤーが口に出してしまう「ミスの嘆き」は、否定的な言葉ばかりだ。否定語を声に出してしまうと、交感神経を刺激して優位にしてしまうらしい。

自律神経は自分でコントロールすることができないので「自律」なのだが、クラシック音楽を聴いたり、落語を聴いて笑ったりする状況下では副交感神経が優位となり、いわゆるリラックスした状態になれる。

ゴルフのラウンドは長い時間にわたるので、ラウンド中は交感神経が優位になったり副交感神経が優位になったりを繰り返すのだが、ずっと交感神経優位のままになってしまうことも少なくない。

各ホールのゲームプランを想定したり、アプローチの落としどころを考えたり、パッティングのラインを読んだりするのは論理的な思考なので、交感神経優位な状態で行われる。よって、よほど意識しない限り、副交感神経を優位にすることは難しいのだ。

このように、ラウンド中はただでさえ副交感神経を優位に持っていきにくいのに、「ミスの嘆き」のような否定的な言葉を発してしまうと、ラウンド中のすべての時間が交感神経優位、などということになってしまうだろう。

だから、「ミスの嘆き節」は言わない。「あ〜っ！」とか「う〜っ！」とかも言わない。

余計なことは言わないほうが、メンタルが安定し、スコアもよくなるものなのだ。

どうだろうか。「余計なことは言わない、しない、考えない」という銀次郎さんのプレースタイルが、あなたのスコアを向上させ、一緒にラウンドした同伴者ともども、楽しく満足してその日のゴルフを終えられるようにしてくれる。その理由をご納得いただけただろうか？

36 PLAY FAST!

――白洲次郎

田中角栄にもプレーさせない「プリンシプル」の徹底ぶり

白洲次郎は戦後の吉田茂首相時代の側近で、プリンシプル（原理原則）を貫いた傑物として有名だが、軽井沢ゴルフ倶楽部の理事長として、ゴルファーの顔も持っていた。

白洲は1982年に理事長に選任されているが、「プリンシプル」の評判通り、軽井沢GCでも原則を貫いたエピソードを多く残している。

時の総理、田中角栄が駐日外国大使を伴って来場したときには、「この倶楽部はメンバーのためのコースなので、お帰りください」と言って追い返したそうである。占領時代の米軍をして、「従順ならざる唯一の日本人」と嘆かせただけの人物らしい話である。

しかし、白洲は堅苦しいばかりのゴルファーだったわけではなく、のちにメンバーとなった田中角栄が大変な汗っかきで腰に手ぬぐいをぶらさげていたのを、他のメンバーは「みっともない」と問題視したのに対し、「あれは、汗っかきの人にとっては合理的で必需品だよ」と寛大だったという。

また、服装も他の名門コースのように「襟のついたシャツでなければダメ」ということもなく、リゾート地だからとTシャツでもOKだった。**自ら〝PLAY FAST〟と染め抜いたTシャツを愛用し、売店でも売っていた**話は有名だ。

つまり、白洲は**原理原則には厳格だが、合理性に対しては柔軟な思考であったようである。**

その白洲が74歳のときに軽井沢GCの倶楽部方針として掲げたのが、〝PLAY FAST〟であった。

白洲は、相手がどんなに地位の高い人であろうと、軽井沢GCでプレーが遅いゴルファーを見かけると、面と向かって厳しく注意したという。

「マッカーサーを一喝した唯一の日本人」との異名を持つ白洲にとって、**〝PLAY FAST〟はゴルフにおけるもっとも重要な原理原則**だったことがうかがわれる。

〝PLAY FAST〟は、直訳すれば「早くプレーしろ」という命令形であるが、単に急いでやれと言っているわけではなく、いいゴルファーならば無駄な動きがない、流れるようなプレーをすべきだと言いたかったのだろう。

そうすれば同伴プレーヤーばかりでなく、ゴルフ場に来ているすべてのプレーヤーが気持ちよくゴルフを楽しめると、白洲は理事長として考えていたのだと思う。

そしてまた、**プレーに無駄がないゴルファーは、たいがい上手だし上達も早い**ものなのだ。白洲の最高ハンディキャップが2だったという事実が、それを証明している。

スロープレーからいいリズムは生まれない

なぜ上手なゴルファーはたいがいプレーが早いのか？

ゴルフに大事なのはリズムとテンポであることは、多くの名ゴルファーが言っている通りで、いいリズムというものはスロープレーからは生じにくいものである。

ショットでもアプローチでもパッティングでも、安全の意味もあってピンに遠い人から順番に打っていくが、うまいプレーヤーは自分の順番が来るまでに、ライの状態・風・傾斜・距離などを読み終えて、使うクラブの選択も終わらせてしまっている。

だから自分の番が来たら速やかに打つことができ、よってリズムもよく、プレーも早いのだ。


これがスロープレーヤーとなると、自分の打順が来ているのに、それからティーペグやボールの準備を始めて、なかなかティーアップできなかったりする。

とくにオナーを取ったときのティーでは、その人が打たないと始まらないのだから、もっとも〝PLAY FAST〟を実践しなければならない。

アベレージゴルファーは、**決断を早くし、あれこれ迷わずにストロークしたほうが、ミスショットもミスパットも減る**と思うのだが。

〝PLAY FAST〟は、せかせかと急いでプレーせよという意味ではないし、準備もせずに慌ててプレーせよと言っているのでもない。

実際にボールに向かってスウィングする時間は、アドレスを始めるところからでも1ストロークあたりせいぜい10秒程度。100を打つアベレージゴルファーでも、1000秒で17分弱、1ラウンド4〜5時間のなかの17分間だけだ。だから、スウィングするときに焦ったり、急いだり、慌てたりする必要はまったくない。

それ以外の**歩いている時間、順番を待っている時間に、どれだけ速やかに準備を済ませるか**が〝PLAY FAST〟の鍵を握っているのだ。

ビギナーでも、自信のあるクラブを1本だけでいいからマスターし、ティーショット以外はその得意クラブだけを使ってグリーン周辺まで行けばいい。得意クラブならミスも少ないし、まずまずの当たりが続けば、プレーにも余裕が出るものだ。

このように、ビギナーでもアベレージクラスでも、プレーの運び方や準備の仕方で、いかようにも〝PLAY FAST〟を実践できるはずなのである。

きびきびと早くて同伴競技者を待たせることがないけれども、その立ち居振る舞いは、どこか悠々としていて余裕さえ感じさせる。こういうプレーをする人は、例外なく誰からも好かれるし、ゴルフ仲間もどんどん増える。

スロープレーヤーは逆に周囲をイライラさせるし、その人とのゴルフを悪い印象にする。最悪の場合はいつの間にか誘われなくなっていた、なんてことにもなりかねない。

〝PLAY FAST〟に込められた本来の意味を理解し、同伴プレーヤーに好かれる、マナーを心得たシングルゴルファーを目指したいものである。

37 ゴルフに汚名返上のチャンスはない。もう二度と誘ってもらえないからだ。

――ジョー・ダンカン

ゴルフ規則の第1章は「エチケット」

ジョー・ダンカンは、1920年の全英オープン優勝者、ジョージ・ダンカンの父親である。

ジョーは警察官だったこともあり、ゴルフのプレー態度には厳格であったようだ。一緒にラウンドすると、「相手のスコアはすぐ忘れるが、相手の性格は一生忘れないものだ」と言って、**いかにいいスコアを出すかよりも、いかにプレーするかが大事**だと説いている。

エチケットに気を配ってラウンドすれば、すべての同伴競技者は楽しくラウンドできるが、その逆だった場合には、もう二度と誘われなくなる。ゴルフにはそういう恐ろしい一面があるのだ。

日本ゴルフ協会（JGA）のwebサイトにはゴルフ規則が掲載されていて、その**第1章がエチケットの章**となっている。一度は読まれることをおすすめする。

ルールより前にエチケットが記載されているのは、**エチケットがゴルフをする以前の事項であることを意味しているわけ**で、これを抜きにプレーしてはならないと暗に示しているのである（と、昔先輩に教えられた）。

意外と知られていないマナー違反

さて、どれも当たり前のことではあるのだが、それでも、ついうっかりやってしまいがちなマナー違反についてピックアップしてみた。

●プレーヤーは、練習スウィングでディボットを取ったり、クラブヘッドを地面にたたきつけて（怒ってであろうと他の理由であろうとを問わない）コースを傷つけたりすることのないようにするべきである。

ミスしたときにクラブをたたきつけるプロが稀にいるが、そんな二流プロのマネをしては品性を問われてしまうだけだ。それは論外としても、アイアンの素振りで真剣になりすぎてターフを切り取ってしまうのも、マナーに反する。

グリーンキーパーに聞いた話では、冬になって芝が薄茶色に枯れたころにターフを取ってしまうと、たとえ目土《めつち》を入れても、そのターフ痕が芝の生長によって完全に修復されるのはなんと半年後、翌春の4月から5月ごろなのだそうである。

芝の修復には夏場でも1か月、冬場は5〜6か月もかかる。素振りでターフを取るのはやはり自重したい。

●ホールを傷つけないようにするためにも、プレーヤーやキャディーはあまりホールの近くに立ってはならないし、旗竿を抜いたり立てたりするときや球をホールから取り出すときは、特にホールに注意しながら行うべきである。

●プレーヤーはパッティンググリーン上にいるときは（特にホールから球を取り出すときは）パターに寄りかかったりなどしてはならない。

カップの周辺というのは、すべてのプレーヤーが集まってくるので荒れやすいものである。とくに、カップからボールを拾い出すときに、カップのすぐ近くを踏んでしまっている一般ゴルファーは結構多いのである。

カップの周辺、半径30㎝以内は踏み込まないようにするのが、競技などではマナーなのだが、一般ゴルファーにはなじみがあまりないのが実態なのかもしれない。カップの周囲30㎝以内に踏み込まず、片足で体を支えてボールを拾い出そうとするとけっこう苦しい体勢になってしまう。それでパターを杖代わりにしてしまいがちだが、これもまたグリーンをへこませるので、マナー違反なのである。

ゴルファーには2種類しかいない

マナー違反を注意されると、「そんなことわかってるよ!」と逆ギレする輩もなかにはいる。しかし、これは何よりもご本人のためなのだ。

関西の名門、廣野ゴルフ倶楽部で実際にあった話だが、ある財界の大物メンバーが休日に一人でやってくると、マスター室はその対応に振り回されて大変だったという。普段の財界の仲間とのゴルフでは、彼が何をしようと、お付きの部下たちが取り繕っていたのだ。

しかし、休日に廣野GCへ一人で行ったこの大物の心ない言動や、やりたい放題のプレー態度に辟易《へきえき》したメンバーは、この大物とのラウンドを断るようになってしまった。ルール以上に守らなければならない大事なことを、ゴルフを始めたときに教わらなかった彼は、その傍若無人なプレー態度を改めず、晩年は誰も彼を誘うことはなく、みじめなゴルフ人生になった様は哀れでさえあったという。

夏坂健さんの言葉に「**ゴルファーには2種類しかいない。何度でも一緒にラウンドしたいと思える人と、もう二度と一緒にゴルフをしたくないと思わされる人だ**」というのがある。

読者のみなさんには、ぜひとも前者であってもらいたいと願う次第である。エチケットをさりげなく実践できるようになることもまた、ゴルフの上達なのだから。

参考文献

『されどゴルフ』夏坂健・1997・幻冬舎文庫

『だからゴルフはやめられない』夏坂健・1997・幻冬舎文庫

『アンプレヤブル！』夏坂健・1998・幻冬舎文庫

『王者のゴルフ』夏坂健・1999・幻冬舎文庫

『ゴルフの処方箋』夏坂健・1999・幻冬舎文庫

『ゴルフを以って人を観ん』夏坂健・2001・日経ビジネス人文庫

『騎士たちの一番ホール』夏坂健・2004・日経ビジネス人文庫

『ゴルフがある幸せ。』夏坂健・2015・日経ビジネス人文庫

『昭和天皇のパター』夏坂健・2015・日経ビジネス人文庫

『ゴルフ・プレー前夜に読むクスリ』夏坂健・1992・知的生きかた文庫

『夏坂健セレクションⅠ　わが心のホームコース』夏坂健・2007・ゴルフダイジェスト新書classic

『夏坂健セレクションⅡ　スコアは天使の匙加減』夏坂健・2007・ゴルフダイジェスト新書classic

『夏坂健セレクションⅣ　ゴルファーは眠れない』夏坂健・2007・ゴルフダイジェスト新書classic

『夏坂健セレクションV おんぼろキャディ、見参!』夏坂健・2007・ゴルフダイジェスト新書classic
『夏坂健セレクションVI ダッファー博士の高笑い』夏坂健・2008・ゴルフダイジェスト新書classic
『ゴルフの風に吹かれて』夏坂健・2013・ちくま文庫
『もっと深く、もっと楽しく。』中部銀次郎・1991・集英社文庫
『新編 もっと深く、もっと楽しく』中部銀次郎・1997・日本文化出版
『悠々として急げ』中部銀次郎・2013・ちくま文庫
『中部銀次郎のゴルフ ①~③』中原まこと作、政岡としや画、中部隆原案・2008・ゴルフダイジェスト新書classic
『中部銀次郎の第一打』中原まこと作、政岡としや画・2011・ゴルフダイジェスト文庫
『中部銀次郎のグリーン周り』中原まこと作、政岡としや画・2011・ゴルフダイジェスト文庫
『中部銀次郎のゴルフ・プリンシプル』本條強・2010・マガジンハウス
『中部銀次郎 ゴルフ珠玉の言霊』本條強・2012・日経ビジネス人文庫
『中部銀次郎の言い分』児玉光雄・2008・東邦出版
『中部銀次郎のゴルフ哲学』三好徹・2011・日経プレミアシリーズ
『ゴルフ花伝書』杉山通敬・2008・ゴルフダイジェスト新書classic

『不滅のゴルフ名言集①～③』摂津茂和・2009・ベースボール・マガジン社新書
『ゴルフ メンタルゲームに勝つ方法』マイケル・T・ラードン、舩越園子訳・2016・実業之日本社
『ゴルフレッスンの神様 ハーヴィー・ペニックのレッド・ブック』ハーヴィー・ペニック、バド・シュレイク、本條強訳・2005・日経ビジネス人文庫
『ハーヴィー・ペニックのゴルフ・グリーン・ブック』ハーヴィー・ペニック、菊谷匡祐訳・2004・集英社文庫
『運動オンチも70台！ たったひとつのゴルフ理論』三浦研・2011・ゴルフダイジェスト新書
『そんな飛距離でよく我慢できるねッ！』南出仁寛、岡本啓司・2013・ゴルフダイジェスト新書
『オレって、こんなに飛んだっけ？』武市悦宏・2012・ゴルフダイジェスト新書
『エージシュートが狙える人の生活習慣』梅本晃一・2008・ゴルフダイジェスト新書
『若造たちをたまにやっつける飛ばしの授業』八木一正・2012・ゴルフダイジェスト新書
『世紀末的ゴルフ用語学』菊谷匡祐・1994・日本文化出版
『ゴルファーの品格考』菊谷匡祐・2008・パーゴルフ新書
『ゴルフの見識』菊谷匡祐・2008・幻冬舎
『真説 青木功』菊谷匡祐・2010・学研パブリッシング

『あ・うんのゴルフ』横田真一、廣戸聡一・2011・ゴルフダイジェスト社
『プロキャディが教える　ゴルフが上手くなる人ならない人』杉澤伸章・2011・中経の文庫
『無意識のパッティング』デイブ・ストックトン、マシュー・ルディ、吉田晋治訳・2016・青春新書プレイブックス
『ゴルフ「無駄な知識」を捨てる技術』中井学・2011・池田書店
『ゴルフ　パットシングルになる！』中井学・2011・池田書店
『ザ・ゴルフ』久保田滋・2006・出版芸術社
『ダウン・ザ・フェアウェイ』ボビー・ジョーンズ、O・B・キーラー、菊谷匡祐訳・2011・ゴルフダイジェスト社
『頭がいい人のゴルフ習慣術』小泉十三・2007・幻冬舎新書
『ゴルフ・シングルになれる人、アベレージで終わる人』小泉十三、伊藤正治・2012・幻冬舎新書
『ゴルフのスコアは「誤解」に気づけば必ずアップする！』宮里優・2010・角川SSC新書
『ゴルフ必勝学』杉原輝雄・1984・徳間文庫
『モダン・ゴルフ』ベン・ホーガン、塩谷紘訳・2006・ベースボール・マガジン社

本書は幻冬舎ｐｌｕｓ(www.gentosha.jp)で連載中の
「ゴルフは名言でうまくなる」に加筆・修正し再構成したものです。

著者略歴

岡上貞夫《おかがみさだお》

一九五四年生まれ。千葉県在住。

ゴルフエスプリ愛好家。フリーライター。鎌ヶ谷カントリークラブ会員。

一九七七年、慶應義塾大学法学部法律学科卒業。

大学入学時は学生運動による封鎖でキャンパスに入れず、時間を持て余して体育会ゴルフ部に入部。ゴルフの持つかすかな狂気にハマる。卒業後はサラリーマンになり、ほとんど練習できない月イチゴルファーだったが、

レッスン書ではなくゴルフ名言集やゴルフの歴史、エスプリを書いたエッセイなどを好んで読んだことにより、

四十年以上シングルハンディを維持している。

ゴルフの持つ奥深い魅力を伝えるべく、幻冬舎plusにて「ゴルフは名言でうまくなる」を連載中。

幻冬舎新書 554

ゴルフは名言でうまくなる

二〇一九年五月三十日　第一刷発行

著者　岡上貞夫
発行人　志儀保博
編集人　小木田順子
発行所　株式会社　幻冬舎
〒一五一―〇〇五一　東京都渋谷区千駄ヶ谷四―九―七
電話　〇三―五四一一―六二一一（編集）
〇三―五四一一―六二二二（営業）
振替　〇〇一二〇―八―七六七六四三
ブックデザイン　鈴木成一デザイン室
印刷・製本所　株式会社　光邦

検印廃止
万一、落丁乱丁のある場合は送料小社負担でお取替致します。小社宛にお送り下さい。本書の一部あるいは全部を無断で複写複製することは、法律で認められた場合を除き、著作権の侵害となります。定価はカバーに表示してあります。
©SADAO OKAGAMI, GENTOSHA 2019
Printed in Japan　ISBN978-4-344-98556-8 C0295
お-28-1
幻冬舎ホームページアドレス https://www.gentosha.co.jp/
＊この本に関するご意見・ご感想をメールでお寄せいただく場合は、comment@gentosha.co.jp まで。

幻冬舎新書

市村操一
なぜナイスショットは練習場でしか出ないのか　本番に強いゴルフの心理学

「池を見ると入ってしまう」「バーディーのあと大叩きする」。一番大切な時に、わかっていてもミスが出るのはなぜなのか？　最新の研究データをもとに、心と体を連動させるポイントを伝授。

小泉十三
頭がいい人のゴルフ習慣術

練習すれどもミスを繰り返すのはなぜなのか？　アマチュアの著者が一念発起、本格的なレッスンを受け、プロの名言に触発されつつ、伸びる人の考え方を分析。あなたの上達を妨げる思い込みを覆す！

小泉十三　伊藤正治
ゴルフ・シングルになれる人、アベレージで終わる人

月イチゴルファーから一念発起、伊藤プロのレッスンで見事シングルになった小泉氏。だが頑固な悪癖が現れ、ハンデ11と9を行き来する泥沼に。再びプロに教えを請い、上達の法則を追究した体感レッスン書。

加藤雅俊
奇跡のホルモン・スイッチ　潜在能力を引き出す

やる気の素ノルアドレナリン、快感の素ドーパミン、精神安定の素セロトニン――ホルモンを自在に操る「魔法のスイッチ」があった！　ツボ押しから生活習慣まで人生をバージョンアップさせる画期的な一冊。

幻冬舎新書

奥田昌子
胃腸を最速で強くする
体内の管から考える日本人の健康

「胃痛の原因はストレス」「ヨーグルトで便秘が治る」は間違い！　消化管の病気を抱える日本人は1010万人超。強い消化管をつくるのに欠かせない食事や生活習慣、ストレス対処法を解説。

東京慈恵会医科大学附属病院栄養部
濱裕宣　赤石定典
はじめての減塩

一般的な日本の会社員が一日に摂取するであろう15グラム超の塩分を、どうすれば7〜8グラムに抑えられるか。外食での注意点と、家庭での献立の考え方から味つけまで知恵と工夫が満載の一冊。

井上章一
大阪的
「おもろいおばはん」は、こうしてつくられた

芸人顔負けのおばちゃん、アンチ巨人の熱狂的阪神ファン、ドケチでがめつい商売人……これらはメディアによる作り物の大阪的イメージだ！　『京都ぎらい』の著者が、紋切型の大阪像を覆す。

安部龍太郎
信長はなぜ葬られたのか
世界史の中の本能寺の変

戦国時代は世界の大航海時代だった。信長は世界と闘った日本初の為政者だったのだ。朝廷との確執、イエズス会との断絶、その直後に起きた本能寺の変……。世界史における本能寺の変の真実。

石部基実
長生きしたければ股関節を鍛えなさい
1日3分で劇的に変わる!

動かせば100歳まで歩ける。動かさなければ寝たきりに。人体の要である股関節を、どうしたら1日でも長く健康に保てるか。筋力トレーニングやストレッチなどを紹介し、健康の秘訣を伝授する。

井上章一
日本の醜さについて
都市とエゴイズム

欧米人とくらべて日本人は協調性があると言われるが、日本の街並は調和とはほど遠い。ローマと東京、フィレンツェと京都——世界の都市景観をくらべて見えてきた、真の日本人の精神とは?

奥田昌子
内臓脂肪を最速で落とす
日本人最大の体質的弱点とその克服法

欧米人と比べ、日本人の体には皮下脂肪より危険な内臓脂肪が蓄積しやすく、がん、生活習慣病、認知症などの原因になる。筋トレも糖質制限もせず、おいしく食べて脂肪を落とす技術を解説。

田口壮
プロ野球・二軍の謎

這い上がるか、クビか——。調整中のベテランと新人選手が入り交じり、「プロの厳しさ」を肉体的・精神的に学ぶ「二軍のリアル」を日米の野球界を知る現役監督が解説。野球ファン必読の書。

幻冬舎新書

奥田祥子
男という名の絶望
病としての夫・父・息子

凄まじい勢いで変化する社会において、男たちは絶望の淵に立たされている。リストラ、妻の不貞、実母の介護、DV被害……そんな問題に直面した現状を克服するための処方箋を提案する最新ルポ。

近藤勝重
必ず書ける「3つが基本」の文章術

文章を簡単に書くコツは「3つ」を意識すること。これだけで短時間のうちに他人が唸る内容に仕上げることができる。本書では今すぐ役立つ「3つ」を伝授。名コラムニストがおくる最強文章術!

香川靖雄
食べる量が少ないのに太るのはなぜか

「時計遺伝子」の発見により、朝食を食べない人は食べている人に比べて5倍太りやすいことが明らかに。朝食で効果的に痩せる画期的なダイエット手法を、女子栄養大学の副学長が伝授。

石蔵文信
なぜ妻は、夫のやることなすこと気に食わないのか
エイリアン妻と共生するための15の戦略

恋人が可愛く思え短所さえ許せたのは盛んに分泌される性ホルモンの仕業。異性はエイリアンにも等しく異なる存在で、夫婦は上手くいく方が奇跡だ。夫婦生活を賢明に過ごす15の戦略を提言。